女性と美の比較文化

東京女子大学女性学研究所
鳥越成代……………編

keiso shobo

はしがき

鳥越成代

「きれいとは何ですか?」といきなり問われたら、「え?」と聞きなおしてしまうか、「ん?」と考え込んでしまうかが普通ではないだろうか。この「〈きれい〉とは何か」というテーマを東京女子大学の女性学の授業（総合講座）で取り上げてはどうかという話が持ち上がったとき、私は少し躊躇した。テーマが大きすぎて、まとまらないと心配したのである。

しかしその発想は、大学の中での日常から生まれた。摂食障害で学業が続けられなくなる学生が毎年のように現れ、本人、ご家族はもとより、直接接している教職員にとってもあまりに残念なことである。摂食障害まではいかなくても、予備軍と思われるような非常に痩せた学生もいる。多くの学生がダイエットに関心をもち、もっと痩せたいと思っている。我々からみると十分細いと思われる学生たちに、どうしてそんなに痩せたいのかと尋ねると、「きれいになりたいから」という答えが返ってくる。

二〇〇六年に二一歳のブラジル人モデルが極端なダイエットによる拒食症がもとで亡くなり、メディアに大きく取り上げられたことは記憶に新しいところであるが、近年ますます神経性無食欲症（拒食症）は増加傾向にある。若い女性に多く見られ、最近は低年齢化が進んでいる。拒食症の原因についてはいろいろな説があり、議論もされているが、一般社会の痩身に対する評価の高さも原因の一つに挙げられる。ダイエットを行うのは、圧倒的に女性が多い。理由も男女で異なり、男性は健康上の理由を一位に挙げ、女性は美的外見のためである。細くなることが「きれい」になることなのか。そもそもどんな「きれい」を求めているのか。彼女たちをかりたてる「きれい」とは何か。この問いが、今回のテーマにつながったのである。

そして、様々な分野から「きれい」や「美」について論じてもらい、またダイエットを行うのなら、安全に行える方法もまた提供しようということになった。執筆者はまったく異なった専門分野にあり、「きれいとは何か」というテーマに関して思い思いに論じている。ただし、対象は人、特に女性である。一般に対象が何であれ、すべての人が「きれい」と評価することは珍しい。個人個人の美意識は異なっているのであり、きれいの基準も同じではないはずである。

第一章では、まず「きれい」という言葉は何を指しているのか、「美」「きれい」「うつくしい」という言葉の歴史が丹念に掘り下げられている。わが国においても、これらの言葉のもつ意味は時代により、現在使われているものとはかなり違っているという。各国の文化による差異と、一方その中にある普遍性についても論じられている。「美」の観念がどこから来ているのかを考察する中で、人体が美の基礎をなすものとして紀元前から重要な意味を持っていたことが示され、その後の各章につながれていく。

第二章では、伝承されている美女たちの人生をたどりながら、何故今日まで美女として伝承されているのかを考察しながら、国により、時代により、何を美しさと捉えていたのかが論じられている。美女伝承が誕生する背景、特に女性に対する考え方が日本と外国ではかなり違っていることが示され、社会が美女として伝承していくのは、明らかに外見のみではないことが指摘されている。そもそも、美しさとは個人の主観の問題であり、何を美しいと感じるか、何に価値をおいて美を判断するかは個人に任されていることが具体的に示されている。

第三章では、「美」を決めるのは誰なのか、何を根拠に決まるのかが論じられている。まず、造形作家のニキ・ド・サン・ファールや写真家のハンナ・ウィルケをモデルに、「父権社会」の中で生きなくてはならなかった「女」という規範に立ち向かった壮絶な戦いを彼女たちの作品を通して示し、後半では、現在でも飽くことなく続けられている美のための人体変工について論じている。市場主義のもとに、美のために消費を促され続けている現実。美醜により女もそして男も呪縛されているが、呪縛してきたのも人が作ってきた「文化」である。それならば、誰をも抑圧しない文化も作り出せるであろうと指摘し、二一世紀の「きれい」の方向性を展望する。

第四章では、舞踊を通して東西の文化を比較しながら「きれいとは何か」に迫っている。様々な舞踊の様々な美について言及しつつ、特に伝統によって検証された確固たる内部規範を持つバレエと日本舞踊の美を対比させている。舞踊の美は、時や所により変幻する相対的なものであり、唯一絶対のものがあるわけではない。しかし、伝統の中にあっても恒久普遍のものではないことを、現代の動きを解説しながら具体的に示している。

第五章では、ミス・コンテストをめぐる議論を考察するなかで、まず時代別に女性のうつくしさの変遷を見ている。それぞれの時代に、それぞれの美女の条件が出来上がっていく。ミス・コンテストは様々な人権侵害や性差別を生んでいること、また「女性差別撤廃条約」などに照らした違法性も指摘されている。美醜の基準はその時代の権力が決めていくことが多い。現在ならメディアである。メディアが美女を創る。この場合の美女については外見のみを重視する傾向があり、この現象の原因はダイエット・整形・エステ・化粧品業界というスポンサーであるという。美しくなることを強要しているようなメディアのメッセージはその意図通り、特に若い女性に浸透していっているのではないかと恐ろしくなる。このことが次章の問題とつながってくる。

第六章は、前章までと趣を異にするが、現在の行き過ぎた痩身志向に対する若者たちへのメッセージである。現代の若者の痩身願望について統計を交えて説明することによって、明らかに行き過ぎた痩身志向の現実の中で、自分の身体を客観的に眺められる資料を提供し、長い将来を見据えて、何を優先するべきか、自分にとって意味のあるダイエットであるのか、体重を落とすことがきれいとどうつながるのか、一人ひとりが考える材料となることを期待している。

なお、執筆にあたっては各章の独立性を尊重したため、章をまたいで内容がすこし重複する部分、あるいは文献表記法等に若干の違いがあることを、あらかじめご諒解いただきたい。


きれいとは何か、今回取り上げたように主に女性が対象となると、美しい女性かどうかをめぐっては、国により時代により、違った基準が存在していた。しかし、それも常に同じではないことは、本書の全体を通して述べられている。バーナード・ルドフスキーは『みっともない人体』（加藤秀俊・多田道太郎訳、鹿島出版会、一九七九年）の中で、「人間は最終的なかたちとして想像された自分のイメージをそのまま満足して受け入れたことは一度もなかった」（一一七頁）。また「自分のからだを変えるための努力は、先史時代にさかのぼる」（一一八頁）としているように、今後も男女ともに自分のかたちを変えたいと思う人は多く現れるだろう。「きれいになりたい」という気持ちもかわらないのではないだろうか。しかし各章で繰り返し述べられているように、「きれい」や「美」の基準は不変のものではない。一人ひとりが主体的に、そして自分の個性を大切に生かしてほしい。この願いを込めて、本書は企画されている。

「きれい」や「美」を決めるには、自分であれ、他人であれ、評価する人の心のありようも重要な要素となる。美とは、人間的なものである。

女性と美の比較文化／目　次

はしがき　鳥越成代

第一章　「美」・「きれい」・「うつくしい」
言葉の面からのアプローチ

久保光志

「きれい」ということ、とくに女性の「きれい」ということについては本書の各章で様々な視点から解明がされる予定であるので、この章では「きれい」、「うつくしい」という言葉そのものに焦点を据えて、女性の美ということを頭におきながらも、より広い基本的な観点から考察を加えることにしたい。

普段、私たちは「うつくしい花」とか「きれいな女性」などの言い方をとくに意識することなく使っており、このような「うつくしい」、「きれい」の語の使い方がわからないという人はまずいないであろう。しかし、具体的に「この花のどこがうつくしいのか」、「この女性のどこがきれいなのか」とさらに問いたずねてゆくと、しだいに曖昧になってきて、「うつくしい」、「きれい」がなにを表しているかがしだいにわからなくなってゆくという人が多いのではないか。「美」にかかわる言葉が指す対象にはなにかそのようないわくいいがたい曖昧な性格がまといついているように思われる。しかしまた、私たちは「うつくしく」「きれいな」対象を「うつくしい」、「きれい」という言葉を通して、そのようなものとして捉えているのであり、このように言葉を通して捉えているかぎり、私たちはどのようなものを「うつくしい」とするか、またそれをどのようなところに着目して「うつくしい」とするのかということに関して、当の言葉自体から大きな影響を受けていると言えるであろう。「うつくしい」、「きれい」という言葉の歴史を探ることで、このことを明らかにするとともに、これを通して「美」に関して、文化による差異と普遍性ということについても考察できればと考える。

1 「きれい」と「うつくし」

私たちの現在使っている日本語を考えてみると、漢字とかなが交じっていることからすぐわかるように、「日本語」はもともとの日本語の系統を引く「やまとことば」の「和語」と本来は中国語であった「漢語」からできあがっている。このことは日本が少なくとも明治以前は文化、学問の上で中国の圧倒的な影響のもとにあったことから来ている。さらにまた事情を複雑にしているのは、幕末以降、中国文化に取って代わって、西洋文化がお手本となり、急速に流入してきたわけだが、その際、西洋語を日本語に翻訳するにあたって、たいてい漢語が宛てられたということである。だから、日本語といってもこの三つの系統の言語を考慮に入れなければならない。

そこで、まず本書の共通テーマである「きれい」の語を取り上げてみよう。現在では「きれい」という語は女性の美をはじめとして、「美しいもの」一般に適用されるが、さらに「清潔」という意味でも使われている。そして「きれい」とかな書きされることが普通なので、「きれい」は和語としてこのような意味で昔から存在したと思っている人が案外多いのではないかと思われるが、本来は漢籍などを通して日本に入ってきた漢語であった。漢語で「奇麗」、「綺麗」、場合によっては「暉麗」と表記される「キレイ」がいつのまにか「美しさ」や「清潔」を意味する語として、日本語に定着したという事情がある。そこでまず、漢語としての「キレイ」の意味を簡単に検討することからはじめよう。まず「麗」という語であるが、この字の下部は「鹿」という字でできており、白川静氏は、上部は「鹿皮を並べた形とされるが、卜文・金文は鹿角を主とする字とみられる」と述べ、またこの語が「美麗」の意味をもつのは「鹿角についていうべきものであろう。鹿皮も美麗であるが、鹿角は他に比すべきものがない」（白川 一九九七、九〇一頁）としている。ともかく「麗」の字が「美しい」の意味を得たのは鹿の角の「美しさ」（あるいは、鹿皮の彩なす「美しさ」）からということになる。この「美しさ」を表す「麗」に「奇」、「綺」、「暉」が結びついて「キレイ」の語が成立しているわけだが、「奇」は「他と異なり、尋常でないこと」、「綺」は本来「斜糸の交差する綾織りの綸子」のことを意味し、そこから綾の衣のような「美しさ」を意味するようになったと考えられる。「暉」は「輝」の意味で、同じく「キレイ」とは言っても、それぞれの語の組み合わせによって、「キレイ」のもつ意味のニュアンスは変わってくるが、この語が本来、華やかな傾向をもった美しさを表すものでものであることは動かないところであり、また日本語の「清潔」という意味とはなんのかかわりもないことは明らかである。

それではこの語がいつ「美しさ」を意味する日本語として定着していったかということになるが、「きれい」という語の用例を歴史的に調査した佐藤亨氏によれば、この語が日本語の文脈の中に登場するのはどうも鎌倉時代のことのようである。このことの背景的理由として、佐藤亨氏は「鎌倉時代における漢語の一般化実用化という趨勢」（佐藤 一九八〇、一八六頁）を挙げており、このような趨勢のなかで「きれい」は日本語化して使われるようになったというわけである。「びれい（美麗）」という言葉もあったわけだが、「きれい」のほうははじめは「人間の容貌」や「自然」に対してはどうも用いられなかったようである。しかし、室町期にかけてしだいに意味の幅を広げ、それとともに「きれい」のもう一つの主要な意味である「清潔」の意味が現れてくる。本来の意味にはないこのような意味の用法が生じたことは一見不思議だが、佐藤氏はこの理由を「日本人は伝統的に清潔・純粋すなわち〝美〟とする意識が存し、それが言語に反映したもの」（同、一九一頁）と推測している。後述するように、平安期には「美しさ」を表す言葉として「きよし」、「きよげ」という言葉があった。このようなことを考え合わせると、日本人の「美」に対する感覚にはどうも「清らかさ」と結びつく傾向があるように思われる。私たちが現在、「美しさ」を指すために「きれい」

という言葉を使う場合、明確に意識してはいないかもしれないが、私たちの感じ方の底にこのような傾向がやはり存在しているのではないだろうか。「きれいに」なりたいと私たちが思うとき、その「きれいさ」は「清らかさ」の性質を伴った「きれいさ」であると思われる。

現在、私たちは「きれい」と並んで、同様の意味で「うつくしい」という語もよく使っている。そこでつぎに、この「うつくしい」の語がどのような由来をもっているのか考えてみたい。「うつくし」という語は古くからある語だが、本来は現在のように「美しい」という意味ではなかったことはよく指摘され、その例として『枕草子』の一節が引かれたりする。「愛《うつく》しきもの。瓜に書きたる乳児の顔。雀の子の、鼠鳴きするに踊り来る。……何も何も、小さきものは、みな愛《うつく》し」(『枕草子』新潮社版、二〇頁以下)。「愛」という字が宛てられているように、ここでは「うつくし」は「愛すべきかわいらしい」ものを表していると考えられる。「うつくし」は古代では「親が子を、また夫婦が互いに、かわいく思い、情愛を注ぐ心持ち」(『岩波古語辞典』)を表したが、この愛情の意味から、平安期には愛情を注がれるような「かわいい」対象を指すように意味が移行し、とくに平安期の女流文学などではもっぱらこの意味で使われたようである。そしてこのような意味からまた「美しい」といった意味も派生してきたと考えられ、すでに平安期の辞書である『新撰字鏡』(八九八~九〇一年頃成立)には「娃」の字を説明して、「美女皃(かほ)、宇都久志支乎美奈(うつくしきをみな)」(宮地 一九七九、二五六頁)と言われている。しかしこのような「美しい」の意味はまだ一般的ではなかったようで、そのためには平安期以降中世を待たなければならなかった。そして、注意すべきことは、「うつくし」が「美しい」を表すようになっても、和語としてはこの語が本来もっていた、小さな「かわいらしさ」といった本来の意味合いがやはり強く残っており、現在私たちがこの語を使う場合においても、そのような「かわいい」対象を指すことが意外に多いように思われる。また、この語は、中世末から近世にかけて「きれい、さっぱり、こだわりを残さない」といった意味も派生した。これは先に述べた日本人の美的感覚の「清らかさ」への傾向ということを考えるとやはり興味深い現象と言わなければならないであろう。

ところで、このような「うつくし」の意味を考えてみたとき、小さなかわいさを超えた壮麗な美を表す語がなかったのかという疑問が当然、湧いてくると思うが、ある程度これに対応する語が「うるはし」という語ではないかと考えられる。この語は「奈良時代に、相手を立派だ、端麗だと賞讃する気持から発して、平安以後の和文脈では、きちんと整っている、礼儀正しいという意味を濃く保っていた語」で、『源氏』以下の女流物語にあっては「乱れ打ちとけることのない端厳さを示す」言葉として、場合によっては否定的なニュアンスを含んで使われている（犬塚 一九七三、一九八頁）。例えば『源氏』で、桐壺帝が桐壺更衣を楊貴妃と比べつつ偲んでいる箇所では、「唐めいたるよそひはうるはしうこそありけめ、なつかしうらうたげなりしをおぼしいずるに、花鳥の色にも音にもよそふべきかたぞなき」（『源氏物語』新潮社版、二七頁）と言われており、「美女」の典型であるはずの楊貴妃の「うるはし」さは、更衣の「なつかしうらうたげ」な有様に比べ一段落ちるものとみられているのである。この語はまた、「漢文訓読体では、『美』『彩』『綺麗』『婉』などの傍訓に使われ、多く仏などの端麗、華麗な美しさ」(『岩波古語辞典』)を意味する語として使われたようで、このようなところから「美しさ」を意味する語としても一般化していったようであるが、現在でもこの語にはこのような訓読体からくると思われるどこか文語的な響きとともに、他方で「かたぐるしい」、「公式ばった」といったニュアンスが付着しているように思われる。そして、この語が現在では「ご機嫌うるわしい」とか「うるわしい友情」とか、心の状態や間柄について多少型にはまった言い方として使われることがあっても、「きれい」や「うつくしい」に比べてあまり使用されることはないことの大きな理由は、この語のもつこのようなニュアンスから来るところが大きいのではないかと考えられる。

ともかく、平安期には、「うつくし」も「うるはし」も、現在私たちが使うような「美しい」という意味で使われていなかったのだとしたら、この時期「美しさ」を一般に表す語はなんであったかということが問題になる。これは非常に難しい問題でここで簡単に検討するわけにはいかないが、例えば「きよら」、「きよげ」がそのような語として考えることもできるようだ。この二語の意味の違いも問題ではあるが、両語とも「きよし」から派生した語で、ここでも日本語における「美」と「清らかさ」の親縁性が明らかな形で見られると言えよう。ともかく平安時代の女性たちも、現在におとらず「きれい」であることを願ったと思われるが、しかし、それを現在のように「きれい」、「美しい」という語で表現するような形ではまだ捉えていなかったと考えられる。すなわち、それはまた明確な形で人間の美なり、美一般を包括するような言葉、見方がまだこの時期には成立していなかったということをも意味していることになるであろう。これに対して、現在「うつくしい」に宛てられる漢字の「美」は、本来漢語として中国でも古くから存在した言葉であった。そこで、この「美」の語についてつぎに考察することにしたい。

2 「美」と「美しさ」

後漢の成立である『説文解字』には「美」の字がつぎのように説明されている。「甘也、羊大に从《したが》ふ、羊は六畜にありて膳に給するに主たる也、美は善と意を同じくす」。すなわち、「美」は「羊」と「大」の字が組み合わされてできた字で、清の段玉裁が「羊大ならばすなわち肥美たり」と注しているように羊がまるまると太った姿の形容であることから、またそのような羊の肉の味の「甘さ」「おいしさ」を言うとともに、「これを引伸して凡そ好《うつく》しきものを皆な之を「美」と謂ふ」(『訓讀 説文解字注 石冊』、七二八頁)ということで、「好きもの」、「善きもの」へと意味が拡張し一般化したものと言えるであろう。ここで、「美は善と意を同じくす」と言われているように、「美」という語は日本語の「うつくし」や「うるわし」とは本来かなりちがった語感をもっており、日本語にはない「よさ」ひいてはまた「道徳的なもの」とつながる傾向があることを見て取ることができると思われる。

ところで、「美」の字は現在では「うつくしい」の漢字表記に用いられ、私たちはややもすると、日本では初めから「美」は「うつくし」と訓読されたと思いがちだが、上述のことを考えあわせると、むしろそうではないことが納得されると思う。『類聚名義抄』という平安から鎌倉期にかけての辞書では「美」は「ヨシ、ウルハシ、コトモナシ、カホヨシ、アマシ、ムマシ」などと訓読されているようだが、「ウツクシ」という読みは見られず、佐藤喜代治氏は「「美」を「うつくし」と読むのは近代のことかと思われる」と推測している（佐藤 一九八五、五四一頁）。佐藤氏の言う「近代」がいつのことかあまり明確ではないが、先に述べたように「うつくし」が中世以降近世にかけて「美しい」の意味をもつようになったとき、おそらく「美」を「うつくし」と訓《よ》むような例がでてきたと思われる。しかし、「美しい」という表記が一般化し、頻繁に使われるようになったのは、明治以降西洋文化が流入し、それとともに西洋的な「美」の観念が日本人の間に広まることになって以来のことと考えられる。その意味で本格的に「美しい」という表記が日本に定着したのは、明治以降という意味で「近代」になってのことと言えるであろう。そして、このことは「うつくしい」という語の意味にも大きな変化を及ぼすことになる。というのは「うつくし」の語は本来「美」と直接にはかかわりがなかったわけであるが、両方の語に意味の重なりが生じることによって「美しい」という表記が生まれたと考えられるのであり、今度はこの「美」が漢語の伝統をふまえた意味で把握されるのではなく、新たに入ってきた西洋の言葉、いま英語で代表させれば beauty の訳語として「美」が宛てられ、その形容詞形としての beautiful に「美しい」が使われることになったからである。このようにして、一方では「うつくしい」は明治以前の用法の伝統を受けつぎながら、明治以降は西洋的な「美」の観念に対応する意味合いを強くもつようになったわけである。ところで、西洋的な「美」の観念も、この後見るように、様々な意味合いがあり、もちろん日本や中国における観念と重なり合う部分があるとともに、またかなり異質な要素もあると言える。そして、なによりも大きな差異は「美」という観念が、「真」や「善」と並んで文化における重要な価値として明確に意識して立てられたということではないかと思われる。

先ほど「うるはしい」は「うつくしい」と比べて文語的な感じを与え、現在ではあまり使われないことを指摘したが、「美しい」という語も「きれい」に比べてみるとやはりなにか「公式ばった」感じがあるのではないかと思われる。「美しい」と「きれい」について質問調査を行った高野繁男氏も「『美しい』と『きれい』の一般的用法の差異として『美しい』は、文語的であらたまった表現に用い、『きれい』は、口語的で日常的な表現に多く用いる」(高野 一九七〇、二三九頁以下)と回答があったと報告している。このような語の用法を支えている理由を考えてみると、「うつくしい」が西洋的な「美」の観念に由来する語感を帯びていること、それに対し、「きれい」はこのような影響を受けずに現在にまで至っていることがその主要な理由として考えられるのではないだろうか。[1] そこで、つぎには、西洋的な「美」の観念について考察するために、西洋語において「美」、「美しい」にあたる語を検討することから始めたい。

3　「美」の観念の由来

「美」、「美しい」は英語では beauty、beautiful である。フランス語では beauté、beau ないし bel、ドイツ語では Schönheit、schön である。ドイツ語は別として、英語とフランス語をたどると、ラテン語につながっている。(2) 西洋語は基本的に同じアルファベットで記されるので、あまり意識することはないが、日本語が和語と漢語から成り立っているように、西洋の言葉も、とくに学問、文化にかかわる言葉はギリシア語とラテン語に由来するものが大部分と言ってよいだろう。「美しい」を意味する英語、フランス語もラテン語の bellus という語に由来するもののようである。bellus の語は、人、物について「快い、かわいい、きれい、すてきな」といったことを指す言葉だが、この bellus はまたラテン語で「よい、すぐれた」を意味する bonus から派生した語のようである。この bellus が中世を経て英語やフランス語の「美しい」を意味する語になったというわけである。しかし、ラテン語では普通「美しい」という意味で使われる語は pulcher という語である。しかし、この語の語源ははっきりしないようである。そして、ギリシア語では、「美しい」は kalos という語になる。

先に、中国や日本と異なり、西洋において「美」の観念が一つの価値として意識的に立てられたということを述べたが、その源はギリシアにあると言えるであろう。そこで、このことについて

kalosの語と関係づけながら考察することにしよう。kalosという語の語源も明確ではないようだが、注意すべきはこの語はまた「よい、立派だ」といった意味ももっており、そこから、ひいては道徳的な意味での「立派さ」という意味での「善さ」を表す語にもなったということである。このような意味の広がりの点では、漢語の「美」と似た事情が考えられると言えるかもしれないが、ギリシア語のkalosは「うつくし」とは反対に、大きなものと結びつく傾きが強いようである。ホメーロスの詩には人を形容するのに「美しくて大きい（つまり、体格の立派な）」という句が定型的な言い回しのようにして出てくる（Liddell & Scott. kalosの項参照）。いま女性の例を挙げてみれば、「燦めく眼の女神アテーネーは微笑を浮べて、……美しい丈の高い女（kalē te megalē）の」（ホメーロス〔呉訳〕、二四頁）といった調子である。この場合は女神ではあるが、女性においてもこのように体格の立派さが「美しさ」として評価されたところに、ギリシア人特有の「美」の捉え方が表れていると言えるであろう。そして、美ということを考える場合、ギリシアでは人体の美が重要な役割を演じていた。私たちはギリシアと聞くと、神々や女神の姿をかたどった美しい彫刻を思い浮かべたりするが、そこにギリシア人は理想的な人体の美を表現したと思われる。しかも、ギリシア人はこの人体の美を身体各部の数的な比例関係として把握していた。数的比例関係を表すプロポーションという語があるが、人体の美はまさにこのプロポーションにおける調和として成り立つわけである。このような考えは彫刻などの美術制作と関連して生まれたもののようで、紀元前五世紀の彫刻家ポリュクレイトスには『カノーン（基準）』という書があったとされ、二世紀のギリシアの医学者ガレノスはこれについてつぎのように伝えている。

「他方で美しさのほうは［熱、冷、乾、湿という］身体の構成要素におけるシュンメトリア（symmetria）にあるのでなく、諸部分のシュンメトリアにおいて成り立つと彼［哲学者クリュシッポス］は考えているからである。ちょうどポリュクレイトスの『カノーン』に記されているように、明らかに指に関しては指に、すべての指に関しては手の平と手首に、そしてこれらについては前腕に、前腕については二の腕に、そしてすべてについてはすべてにシュンメトリアがあるのである。ポリュクレイトスはその著作の中で、身体のシュンメトリアをわれわれに完全な形で教示したうえで、理論の要求のとおりに像を作ることによって、実技によって理論を確認し、そして著作に名づけたように、『カノーン』という名前をその像にも与えたのである」（ガレノス［内山他訳］、二六七頁）。

「シュンメトリア」の語は「一緒に測る」という意味の動詞からきており、部分相互あるいは部分と全体の均衡した比例関係を表し、ギリシアにおいて、あるべき理想的な人体の美をこのような「シュンメトリア」として捉え、また美術に表現するという考えが一般にあったことがうかがえる。俗に「八頭身」と言われたりするが、この頭部と身体の八対一の比例関係もすでに古くから言われていたことである。ローマ時代の建築家ウィトルーウィウスの『建築書』にはつぎのようにある。

「神殿の構成はシュンメトリアから定まる。この理法を建築家は十分注意深く身に付けなければならぬ。これはギリシア語でアナロギアといわれる比例から得られる。比例（proportio）とは、あらゆる建物において肢体および全体が一定部分の度に従うことで、これからシュンメトリアの理法が生まれる。……

実に、自然は人間の身体をつぎのように構成した―頭部顔面は顎から額の上毛髪の生え際まで十分の一、……。頭は顎から一番上の頂まで八分の一、頸の付け根を含む胸のいちばん上から頭髪の生え際まで六分の一、〈胸の中央から〉いちばん上の頭頂まで四分の一。顔そのものの高さの三分の一が顎の下から鼻孔の下までとなり、花も鼻孔の下から両眉の中央の限界線まで同量。この限界線から頭髪の生え際まで額も同じく三分の一。足は、実に、背丈の六分の一、腕は四分の一、胸も同じく四分の一。その他の肢体もまた自分の計測比をもち、昔の有名な画家や彫刻家たちはそれを用いて大きな限りない称賛を博したのである」（ウィトルーウィウス［森田訳］、六九頁）。

ここでは八頭身をはじめ、人間の身体の各部と全体のプロポーションの具体的な数字が挙げられているが、(3)またこのような人体の美を構成するシンメトリーが神殿をはじめとした建築の基準とも見なされており、人体が美の基礎をなすものとして、いかに重要な意味をもっていたかということがこのことからも理解されるのである。

4　美と善

ところで、「美」はギリシアでは「よさ、立派さ」の意味ももっており、このようなところから、ギリシアの「美」の観念は道徳的な「よさ」としての「善」の観念とも結びつくことになると述べたが、ギリシア語には kalos の語と「よい」という意味の agathos という語が結合して、「善美」という意味の kalokagathia という語がある。哲学の始まりは紀元前五世紀のソクラテスだと言われるが、この美と善の一致を表すカロカガティアの語も彼の周囲で生まれたもののようである。ソクラテスの弟子のクセノフォーンという人が書いた『ソクラテスの思い出』という本があるが、いまその中の一節を引いてみる。アリスティッポスという人がなにか美しいものを知っているかと訊ねたときのソクラテスの答えが、その前になにかよいものを知っているかという問いに対する答えと違わないではないかと彼が抗議したのに対し、ソクラテスはつぎのように答える。

「しかし君は善と美とはそれぞれ別なものだと思っているのか。君は同一のことにかけては一切のものが美にして善（kala te kagatha）であることを知らないのか。いいか、第一に徳はあることにかけては善であり、あることにかけては美であるというのではない。つぎに、人間は同一の点で同一の事柄については、美にして善と呼ばれる。人間の身体《からだ》も同一のことにかけては美にして善と見えるのであり、人間の使用するいろいろのものもすべて同一のことにかけては、すなわちもっとも有効に用いられる点にかけては、美にして善と考えられるのだ」（クセノフォーン［佐々木訳］、一四九頁）。

クセノフォーンのこの箇所では、「美」も「善」も、たんに道徳的なことがらだけではなく、「有用性」をも含んだ広い意味での「立派さ、よさ」として問題になっていると考えられるが、ソクラテスはとくに道徳的な意味で「善美」であることを弟子たちに教えた。だから「美しい」という語は、むしろ立派で私たちに畏敬の念を与えるようなものを指すことになり、「うつくし」とは意味あいがかなり違って、「うるわし」に通うところがあると言えるかもしれない。そして、ソクラテスの弟子であったプラトンは師の教えを受けつぎながら、彼独自の「愛」と「美」の形而上学を打ち立てた。現在では本来の意味がかなりゆがんだ形で受け取られているが、プラトニック・ラブの説である。プラトンは、イデアという物事の完全な原型が、物質と感覚にかかわる不完全なこの世界を超えた知的な世界に存在し、この世界の物事はこのイデアによって成り立っていると考えた。だから、この世界の美しいものに対しては「美」のイデアがあることになるが、それは完全な「美」として、不完全を免れないこの世界の美しいものを超えて存在している。私たちは美しい人に恋するが、これを出発点とし、美を恋い求めることを通して最終的に美のイデアに至ることをプラトンは教えた。プラトンの『饗宴』には、この美への恋について語るソクラテスの有名な演説がでてくる。その内容は、ソクラテスがディオティマという巫女から聞いた話として語られているが、最後の部分はまた「美」と「善」のつながりを強く示唆するものでもある。

「『それでは』と彼女「ディオティマ」は続けた。『いったいどういうことになるとわたしたちは考えるでしょうか――もしだれかが美そのもの（auto to kalon）を純粋清浄無垢の姿で見て、それを人間の肉や色や、そのほか数多くの死滅すべきつまらぬものにまみれた姿においてではなく、かえってその神的な美そのものを単一の形相をもった姿において観るということが、誰かに起る場合には。……人がかの美の方を眺めやり、用うべき本来の器官をもってかの美を観、それと共にいるとき、そもそもその生活がつまらぬものになると思いますか。それともあなたは考えてみないのですか』と彼女は続けた。『ここにおいてのみ、すなわち、かの美を見るに必要な器官をもってそれを見ているこのときにのみ、次のようなことが起るであろうということを。それは、彼の手に触れているものが徳の幻影ではなくて、真の徳であるからして、その生むものも徳の幻影でなく真の徳であるということを。さらにその者は、真の徳を生みそれを育てるがゆえに、神に愛される者となり、またいやしくも人間のうち誰か不死となることができるならば、まさにその者こそ不死の者となりうるのだということを』」（プラトン〔鈴木訳〕、九八頁）。

このようにプラトンは美しい人に対する恋から出発して、それが人間を高め、イデアの世界に導くものとする崇高な哲学を展開し、これが歴史を通じて大きな影響を及ぼすことになる。こうして、「美」の観念は東洋とは異なった展開を遂げて、西洋の思想と文化において重要な役割を演ずることになるわけであるが、プラトンの言う「美」は人間の美から出発してはいても、最終的には「美」のイデアに帰着し、これが人間の外形的な「美」の根源でもあるわけであるから、「美」はイデアの影を帯びたものとしてわれわれに畏敬の念をもって仰ぎ見るものであって、決してわれわれに近しい可憐なものとは言えないのである。

5 「美」と「優美」

ところで、「美」が一方で立派で大きなものに近しく、他方、数的に計測できるものと理解されるならば、数では捉えられない繊細でまた可憐な「美」の性質というものは、西洋の伝統では問題にならなかったのかという疑問が出てくることと思われる。「優美」の語はラテン語のgratia（ギリシア語のcharis、英語のgraceにあたる）の訳語として使いたいと思うが、この「優美」がこのような性質を意味していたと言えるであろう。優美の女神は、例えばボッティチェリの有名な『春』の絵に登場する美しい姿を覚えている人も多いと思うが、ギリシア神話では恋の女神アフロディーテー（ローマ神話のウェヌス）に付き従う三人の女神とされている。だから、これらの女神は女性のうつくしい性質を象徴しているものと考えられる。いまラテン語で言うと、gratiaは「親愛な、心にかなった、快い、感謝している」といった意味をもつgratusという形容詞からでてきた語である。したがって、この語は「好意」、「恵み」（キリスト教で「神の恵み」はgraceと言われるように）というのが本来の意味であったようで、そこから、そのような気持を感じさせるような「愛らしさ」、「優美」といった意味が派生したと考えられる。ラテン語にはまた、ヴィーナスの神を表すウェヌスの語からきたvenustasという言葉もあって、やはり女性の魅力ということから、「優美、愛らしさ、魅力」といった似た意味を表わした。だから、これらの語が表している「優美」は、人間の場合には、とりわけ女性のもつ愛らしい可憐な魅力を指し、さらには事物や芸術作品における繊細で可憐な性質を表すものと言えるであろう。修辞学者のディオニュシオス・ハリカルナッソスは文章には「心地よさ（hedonē）」と「美（kalon）」が必要とされるとして、これをつぎのように説明している。「心地よさとは、私の考えでは、輝き、優美（charis）、歯切れのよさ、甘美さ、人の心を動かす力などこの類のものすべてであり、美とは、荘重、重厚、真摯な言葉づかい、威厳、古色蒼然たる趣およびその類のものです」（ディオニュシオス／デメトリオス［木曽他訳］、三〇一頁以下、なおMonkの論文を参照）。「優美」は「心地よさ」の系列に配されている一方、ディオニュシオスが「美」の系列に挙げるのは、これに対し、私たちに崇高な感覚を与える性質をもつものであると言えるであろう。このように美と優美は対立するのであるが、この優美の特性は彼によれば言葉で説明することはきわめて困難であり、「感覚（aisthēsis）によってこそ捉えられるのであり、言葉（logos）によってではないのです」（同、二六頁）。このことを、美術の領域に移して言えば、美術作品のこの特性は「美」の数的比例関係のようなものによっては捉えられない微妙繊細なものであることになるであろう。紀元前四世紀の画家アペレースについてつぎのような逸話が伝えられている。

「同時代に非常に偉大な画家たちがいたけれども、彼の技のすぐれた点は優美（venustas）であった。彼は彼らの作品に感嘆したけれども、誉めたたえる作品のすべてには、ギリシア人がcharisと呼ぶあの彼のもつ優美が欠けており、他のすべてはもっていることがあるかもしれないが、この点だけはだれも自分に匹敵しないと言っていた。彼がプロトゲネースの非常な労苦と過度の苦心による作品に感嘆したとき、彼はまた別の名誉を要求した。彼はつぎのように言った。すべての点で自分は彼と等しいか、あるいは彼のほうがすぐれているが、一つの点で自分のほうがすぐれている。つまり、私はいつ絵から筆を置くべきかを、有名な教えに言う、極度の勤勉は害になるということを知っている」（Pliny 1952, pp. 318f.）。

ここではアペレースの絵の特色が優美にあったこと、他方、彼が過度の労苦と苦心を避けたことが言われている。この二点は、この文章では関連するものと明確に述べられているわけではないが、技巧をつくした勤勉な態度からは、アペレースの優美は現れえないことは明らかであろう。であるとすると、優美は数的比例のように技術によって身につけることのできるものではないことになり、技術によっては捉えることのできるものではないことになる。後の時代にはこうして、「優美」の自然さと「技術」、「技巧」によるわざとらしさが対立させられるようになった。ルネッサンス時代の文人、カスティリオーネは、当時のウルビーノの宮廷を舞台に、理想の宮廷人はどうあるべきかを論じた『宮廷人』（一五二八年）を書いたが、彼はこの書において、そのような優美の観念を人間の振る舞いに適用し、宮廷人には「彼の動作、身振り、態度、要するに彼のすべての動き」に優美が要求されるとして、この優美についてつぎのように説明している。これは当面、男性を念頭に考えられているが、当然、女性にも同様に、いなそれ以上にあてはまると思われる。

「星からこれを受けた［つまり、生まれつきの］人は別にして、この優美がどこから生まれるのかを私は何度も自分で考えて、もっとも普遍的な一つの規則を見いだしました。……それは、きわめて恐ろしい暗礁を避けるように、できるかぎりわざとらしさを避けること、おそらく新語なるもので言えば、あらゆる事柄にあるさりげなさ（sprezzatura）を使うことです。このさりげなさは技巧を隠し、なしたり言ったりすることを苦もなく、それを考えもしないでなされたように示すでしょう。このことから大いに優美が生じると思います。まれで立派な事柄のどれも困難なものであるので、これらの事柄におけるたやすさは最大限の驚嘆を引き起こしますが、これに対して、強いてすることと（いわゆる）無理強いすることは最大限の不快を与え、それがどんな偉大なことであれ、すべての事柄をほとんど評価させません。したがって、これが技巧とは見えない真の技巧と言えますし、それを隠すこと以外に努力を用いるべきではないのです。なぜなら、技巧が発見されたら、すべてにおいて信用を失い、その人をほとんど評価させないからです」（カスティリオーネ[清水他訳]、八八頁以下）。

ここにはいかにも宮廷人らしい「技巧とは見えない技巧」といったソフィスティケーションが見られるが、優美が「さりげなさ」と結びつけられ、技巧による努力からくる「わざとらしさ」に対立させられている。さりげない優雅な身のこなしこそが人間の「優美」を形作るというわけである。芸術に即して言えば、優美は技巧、技術を超えたものと捉えられ、また技術が規則を前提するとすれば、優美は規則の網の目にかからない繊細微妙な魅力を意味することになり、またこれを捉えるのも、規則によらない繊細な感覚ということになるであろう。時代が下るとともに、先に述べた美に対するプラトン的な見方が後退していき、また他方では、宮廷文化が発展していくにしたがって、このような「優美」が「美」の内実と見なされる傾向が強くなってくる。こうして、偉大さの性格を帯びた美に代わって、むしろ繊細可憐なものが美の典型になる。このような事態を逆説的に示しているのは、一八世紀に「美」に対するものとして「崇高（the sublime）」が語られるようになったことである。このことは、伝統的な「美」の観念がもっていた、畏怖の念を起こすような偉大さの性格が「美」から消えるとともに、この性格が狭義の「美」から「崇高」のほうに移されたということを意味しているであろう。この時、「崇高な美」という言い方は形容矛盾になりさがるのである。この両者を明確に対比させて論じ、このような考え方を決定づけたのが、エドマンド・バークの『美と崇高の観念の起源の哲学的探求』（一七五七年）であった。彼は、美が愛情を引き起こすのに対し、崇高は、従来、美と結びつけられてきた調和をも打ち破り、恐怖を伴った感嘆の念などを引き起こすものとして捉え、「感嘆と愛の間には極めて大きな距離がある。つまり前者を惹き起す原因である崇高は常に大きな恐ろしい対象にもとづいているに反して、後者は必ず小さい心地よいものがその対象となる」（バーク［中野訳］、一二四頁）と述べる。このように、美が小さい快いものとされ、それが愛情を引き起こすという点で言えば、「うつくし」に通じるところがあると言えるであろうが、このような「美」の捉え方は「優美」の観念を前提にして初めて可能になったものと言えよう。バークに発する「美」と「崇高」の議論に刺激を受けて、哲学者のカントも『美と崇高の感情にかんする観察』（一七六四年）を書いた。しかし、カントはそのなかで「崇高はいつも大きくなければならないが、美は小さいこともある」（カント［久保訳］、三二六頁）と述べている。

バークのように、崇高と対比して美は小さいものと限定するのではなく、美は「小さいこともある」とカントが言うとすれば、カントの場合には、「優美」とともに伝統的な「美」の観念が同時に働いていたということになるのであろう。

このように西洋の「美」の観念をとっても、重層的に入り組んでいて単純なものではないと言えよう。そして、このような「美」の観念は、これ以降さらに展開していくことになり、それが一九世紀後半以降、急速に日本に流入することになり、現在の日本人の「美」の観念の形成に大きな役割を果たすことになった。「日本」の文化は、以上見たように言葉の上から言っても、中国や西洋の文化も含んだ重層的なものであると言えるが、言葉は文化のなかで生まれ、また文化を支え、表現しているものでもある。しかし、以上概観したように、「美」にかかわる言葉も、それぞれの言語、文化の系統によって、一方ではかなりの差異が見られたが、また、たんに相互に異なっているというのではなく、他方では、相互に重なり合うところも多く見られた。「美」というものも言葉と離れては考えられないとすれば、絶対唯一の「美」の意味というものが他のものを排除する形で存在するのではなく、この言語の差異と同一のあわいのなかにこそ「美」も存在するものと言えるであろう。そして、「きれい」であることを求めるとするなら、このあわいのなかでどのような「美」を実現していくかということが、各人に課せられた課題ということになるであろう。

註

（1）宮地敦子氏も「現代における美しいの文語化・化石化の兆候」について述べているが（宮地、二五一頁）、明治以降の近代の用法を考える場合、「美しい」の翻訳語としての性格を考慮に入れるべきだと思われる。そうでないかぎり、この語の近代の用法の本質的な性格を考察することはできないであろう。

（2）ちなみに、ドイツ語の schön は「見る、眺める」を意味する schauen と関連し、元来「見栄えのする」とか「明瞭な」とかを意味した語であったようである。

（3）この人体の理想的比例の数には、ウィトルーウィウスとは別系統のビザンチンに由来すると考えられるものがあり、例えばチェンニーノ・チェンニーニはつぎのような数字をあげている。「人間の背丈は、両腕を横に広げたのと同じ長さであり、両腕は手先が腿の中ほどに届くほどの長さである。人体の全長は、顔（viso）八つと三分の二の長さである」（チェンニーニ、四八頁）。この場合、頭頂部の顔面三分の一の長さが全長の考慮に入れられていないようで、これを含めると顔面と人体の比例は一対九となり、ウィトルーウィウスの一対一〇とは異なる。これについては、パノフスキーの論文を参照。

参考文献

欧語文献は翻訳のあるものはできるだけこれを掲げ、原文テキスト名を挙げることは、この書の性質上省略した。訳文もできるだけ利用させていただくことにしたが、原文を参照して、変更を加えたり、括弧内に原語を補ったりしており、訳文の責任は論者にある。また、［ ］内は論者による補足である。なお、日本語関係の文献について、東京女子大学・日本文学科、金子彰教授から教示をいただいた。記して謝意を表しておきたい。

犬塚旦『王朝美的語詞の研究』笠間書院、一九七三年

ウィトルーウィウス（森田慶一訳註）『建築書』東海大学出版会、一九七九年

大野晋他編『岩波古語辞典』、岩波書店、一九七四年

尾崎雄二郎編『訓讀 説文解字注 石冊』東海大学出版会、一九八九年

カスティリオーネ（清水純一他訳註）『宮廷人』東海大学出版会、一九八七年

ガレノス、C（内山勝利・木原志乃訳）『ヒッポクラテスとプラトンの学説 1』京都大学学術出版会、二〇〇五年

カント（久保光志訳）「美と崇高の感情にかんする観察」、『カント全集 第二巻』岩波書店、二〇〇〇年

クセノフォーン（佐々木理訳）『ソークラテースの思い出』岩波文庫、一九七四年

佐藤喜代治『字義字訓辞典』角川書店、一九八五年

佐藤亨「キレイの語誌」、『近世語彙の歴史的研究』桜楓社、一九八〇年

白川静『辞統 普及版』平凡社、一九九七年

清少納言（萩谷朴校注）『枕草子（下）』新潮社、一九八〇年

高野繁男「「美しい」と「きれい」」、『講座 正しい日本語 第四巻』明治書院、一九七〇年

チェンニーニ、C（辻茂・石原靖夫・望月一史訳）『絵画術の書』岩波書店、一九九一年

ディオニュシオス／デメトリオス（木曽明子・戸高和宏他訳）『修辞学論集』京都大学学術出版会、二〇〇四年

バーク、E（中野好之訳）『崇高と美の観念の起源』みすず書房、一九九九年

パノフスキー、E（中森義宗他訳）「様式の歴史の反映としての人体比例の歴史」、『視覚藝術の意味』岩崎美術社、一九七一年

プラトン（鈴木照雄訳）「饗宴」、『プラトン全集第五巻』岩波書店、一九七四年
ホメーロス（呉茂一訳）『オデュッセイアー（下）』岩波文庫、一九七二年
宮地敦子「情意語の変化——「うつくし」の系譜」、『身心語彙の史的研究』明治書院、一九七九年
紫式部（石田穣二・清水好子校注）『源氏物語（一）』新潮社、一九八六年
Liddell, H. G. & Scott, R., *A Greek-English Lexicon*, Oxford, 1968
Monk, S.,"A Grace beyond the Reach of Art", *Journal of the History of Ideas*, vol. 5, 1944
Pliny, *Natural History*, Vol. 9, Loeb Classical Library, 1952

第二章　美女たちの物語

何が彼女を美女にしたか

矢野百合子

古代ギリシアのアテネにフリュネというヘタイラ（高級売春婦）がいた。彼女は神を冒涜した罪で裁判にかけられたが、有罪が確定しそうになるや弁護人は彼女の服を剥ぎ取ってその美しい肢体を白日のもとに晒し、彼女の美しい体は神が与えたものだ。そのような美しい身体に罪が宿るはずがないと訴えて無罪を勝ち取った（ブーロー　一九九一、八〇頁）。

裁判官ら（男たち）はフリュネの美しさに魅了されて無罪票を投じたのか。実はそうではなく、裁判官らは美しいフリュネの肢体に「感動したばかりか、畏怖の念を抱いた」（パパニコラウ　二〇〇六、一六二～一七三頁）という。当時の考え方では、完璧な美は人ではなく神に属するものであり、すなわち善なるものであった。弁護人はフリュネを美の女神アフロディーテになぞらえることで、裁判官の心に畏怖の念をおこさせることに成功した。こういう社会には美しくない人間には住みにくい。同じ罪で裁かれた哲学者ソクラテスがもし醜男でなかったら、あるいは死刑にならずにすんだかもしれないと考えてしまう。

このような美への畏怖は現代でも存在する。私たちは外見の美しさを喜び、醜さを嫌う。包みの包装が美しければ中味も良いだろうと感じ、汚ければ中味もたいしたことはないと先入観をもつ。それゆえに体裁を重んじ、外見に気を使う。諺にあるように「見目麗しきは心も優しいはず（When the face is fair, the heart must be gentle.）」と思うからこそ美人に惹かれ、「美貌はドアのかぎをはずす（Beauty opens locked doors.）」と称賛される美しさを手に入れようと努力する。昨今流行した竹内一郎著『人は見た目が9割』（新潮新書、二〇〇五年）に代表される「見た目の力」への信仰でもある。しかし、日本語学の飯間浩明によれば、この本が根拠としているマレービアンの法則は言葉と表情が矛盾した場合に適用されるもので、これを見た目のよさに適用するのは誤りだという(1)。

本章では伝承の美女たちの人生を辿りながら、なぜ彼女たちが美女として伝わってきたのかを見ていきたい。それはまた、世の人々が何を愛し、何を美しさととらえてきたかを知ることでもある。

1　西洋の美女

(1) ギリシア神話の世界

ギリシア神話によれば、世界最古の美人コンテストは女神同士の妬みあいから始まった。ゼウスの妻ヘラ、戦いと知恵の女神アテーネー、そして美の女神アフロディーテの三人はトロイアの王子パリスに審判を頼み、それぞれが褒美を約束する。ヘラは富と権力を、アテーネーは知恵と名声を、そしてアフロディーテは世界一の美女をあげようと。その結果パリスはアフロディーテを選び、彼女の助けを得てスパルタの王妃ヘレネを誘惑しトロイアに逃げ帰った。これがトロイア戦争の発端となった。

ヘレネは神々の王ゼウスがスパルタ王妃に産ませた半神半人の王女で、当代一の美女と謳われていた。しかし美貌ゆえに幼少時から幾度となく誘拐の危機にさらされ、婿選びに際しては、ヘレネを夫から奪った者は全員で滅ぼすという協定が求婚者の間で結ばれていた。一〇年にわたった戦争の末にトロイアは滅亡する。生き残ったヘレネはどうなっただろうか。ギリシア全土を巻き込む戦いで多くの人々を死なせたこの美女は、何事もなかったかのように夫のメネラウスと復縁してスパルタ王妃に返り咲き一生を全うしたのである。なんとも傍迷惑な美女だが、彼女のおかげでホメーロスの『イーリアス』や『オデュッセイアー』をはじめとする数多くの文学作品が誕生し、クレオパトラや楊貴妃とならぶ世界の三大美女伝説が生まれた。

なぜヘレネは罪を問われなかったのか。『ギリシア・ローマ神話』の著者ブルフィンチは、ヘレネは密かにギリシア軍を助けていたからだと記した（ブルフィンチ［大久保訳］、四一一頁）。しかし、一般によく知られるヘレネ像はそうではない。古代ギリシアの詩人エウリピデスの作品を原作とする映画『トロイアの女』（一九七一年製作、アメリカ）やエヴスリンの『ギリシア神話小事典』の項目のように、妖艶なヘレネの魅力が夫の殺意を砕いたのだといわれている。

「メネラウスは裏切った妻を殺そうと刀を抜いて彼女の寝台に迫った。ヘレネは恐れもせず、やおら自分の衣の前を開けると魅了するように彼を見つめた。するとたちまちメネラウスは刀を床に落として彼女と抱きあい、スパルタに連れ戻って元通り王妃とした」（木村 一九九七、一八七〜一八八頁、要約）。

男は女の美しさと誘惑に負け、ヘレネは自らの美貌によって罪を免れた。大神ゼウスの血をひくヘレネの美は人間の裁量を超えていたという点では、フリュネの裁判と同じく、神の造形した美への畏怖もあったかもしれない。このように、神話の伝える古代ギリシア世界では美は有利な価値であったが、一方で美しさゆえに不幸な運命をたどる物語もある。自らの美に酔いしれたナルシスは、呪いの神ネメシスに水仙の花に変えられてナルシストの語源となった。人間に金の矢（恋）を射ち込むエロス（キューピッド）は鉛の矢（憎しみ）の射手でもある。神の与えた美しさは人にとっては最高の武器でもあるが、反面では憎しみや不幸をもたらすものと認識されていた。

人は古来、美しいものに天の寓意を感じて賛美する一方で、妖しさを感じて怪しみ憎むこともした。この世ならぬ美は普通の人間にとっては自分たちと違う驚異の存在であり、見るものが神に属すると判断すれば善きものとして受け入れられ、警戒されれば妖しき悪として排撃される二重の価値でもある。ソクラテスは若者たちに「たえず鏡に自分の姿を映してみて、美しければそれにふさ

わしい者となるように、また醜ければ、教養によってその醜い姿をかくすようにせよと勧めた」という。(2)

(2) クレオパトラはなぜ美人なのか

ヘレネとともに三大美女とされるクレオパトラ七世（前六九～前三〇年）は古代エジプトのプトレマイオス朝最後の女王で、シーザーとアントニウスに愛され、ローマ軍と戦って死んだ誇り高き美女として知られている。十八世紀の哲学者パスカルは「クレオパトラの鼻、それがもう少し低かったら、地の全面は変わっていたろう」と書いたが、パスカルは実際にクレオパトラを見たわけではない。この言葉からわかるのは、十八世紀の西欧世界ではクレオパトラが絶世の美女と考えられていたということだ。

ところが発掘された当時の貨幣にある彼女の横顔は大きな鷲鼻で、どうみても私たちの美の標準と合わない。(3) 帝政ローマ期のギリシア人プルタルコス（四六～一二〇年頃）は『プルターク英雄伝』の中で「クレオパトラの美もそれだけでは一向比較を絶するものではなく見る人を驚かす程でもなかった」（プルタルコス［河野訳］、十一巻／一〇〇頁）と記している。

プルタルコスによれば、彼女の美しさは並外れたものではなく、同時代の人々に衝撃を与えるという質のものではなかった。それがなぜ世界に知られる美女伝説の主人公になったのか。

プルタルコスはこの文章に続けて、クレオパトラの話し方には相手を逃がさない魅力があり「会話の説得力と一座の人々にいつの間にか浸みわたる性格とを兼ね備え、針のように心を打った」として、エジプト語を解さなかったプトレマイオス朝の歴代の王とは違ってクレオパトラはほとんど通訳を介さずに、エチオピア人やヘブライ人、アラビア人、ペルシャ人、パルティア人、その他諸民族に自分で返事をしたと記している（同、一〇〇頁）。

十七歳で即位したのち弟に権力の座を追われて亡命していたクレオパトラは、その豊かな教養と才知でシーザーの後見を得て女王の座に返り咲き、シーザー亡き後はアントニウスと十四年間をともにし、彼の助けを得て王国の版図を広げた。そして新たな執政となったオクタビアヌスに負けたアントニウスが自殺すると、クレオパトラはローマでの凱旋行進に引き出されることを恥じて毒蛇に身を咬ませた。プルタルコスによればオクタビアヌスに宛てた最後の手紙は「アントニウスとともに葬ってほしい」というもので、オクタビアヌスは彼女の態度に感服して遺言どおりにし、王に相応しい盛大な葬儀を命じたという（同、一六四頁）。

クレオパトラについてのプルタルコスの他の記述は彼女に対してあまり好意的ではない。ローマの立場からすれば、クレオパトラはアントニウスを誑かしてオクタビアヌスと対立させ、戦場では彼を置きざりにして逃げ出すという、まさにアントニウスの「最大の禍」（同、一七〇頁）となった人物である。にもかかわらず、プルタルコスの記したクレオパトラの逸話はローマをも圧倒した古代エジプト女王の物語として語りつがれ、しだいに脚色されて、ルネサンス期にはローマの最高権力者を二人も魅了した美貌の持ち主になったのである。

ルネサンス期の絵画が描くクレオパトラは美しい。精神に肉体より高い価値をおいたキリスト教社会は、崇高な精神と肉体の悪魔という対置概念を生み、教父たちによる禁欲的な肉体否定、快楽否定へとつながっていったが、そこからの脱皮を図ったルネサンス以降の肉体美への憧憬は、例えば美しい女性の顔を細部まで断片化して真の女性美を追求する作業へと向かっていった(4)。ヨーロッパ以外の文化に目を向け始めた当時の人々は、古代のクレオパトラやアレキサンドリアの文化に憧れ、強大なローマに対抗して死んだエジプト女王に驚嘆し賛美をおくった。文学作品では『プルタルク英雄伝』の記事をもとに書かれたシェイクスピアの『アントニーとクレオパトラ』（一六〇六年頃）やサミュエル・ダニエルの『クレオパトラの悲劇』（一九五九年）などが出版され、上演されている。

しかし現代の私たちにクレオパトラの美しさを決定づけたのはルネサンス期の文学やパスカルの言葉ではなく、実はハリウッド映画ではないだろうか。『クレオパトラ』（エリザベス・テイラー主演、ジョゼフ・マンキウィッツ監督、一九六三年）は、巨大なピラミッドを背景に、あるいは土俗の女酋長と蔑むローマ群衆の前で、きらびやかな衣装に包まれて威風堂々と行進する古代の誇り高き女王を、その独特の化粧法や髪型などとともに印象づけた。

クレオパトラが毒蛇を使ったのは、この世での幸せが来世でも再現されるように願ったからだという。アントニウスに愛され、女王として絶頂期にあったそのままの姿で来世に生まれ変わるために、彼女はできるだけ自分の体を損なわない毒蛇の牙二本分の傷だけをつけてこの世を去っていった。プルタルコスのいうように、彼女の魅力が美しさよりも談話と巧みな交際術（外交）にあったとすれば、アレキサンドリアの高度な文化に根ざした教養と強国ローマを相手にやりあう知恵と知識への驚嘆、そして敗れたのちに愛する人とともに葬られることを願って死んだ女性としての悲劇性がクレオパトラを美女にしたとも考えられる。クレオパトラは最初から美しかったわけではなく、彼女の行為や生き方が、後世の人々に絶世の美女クレオパトラ像を描かせたといえるのではないだろうか。

2　東洋の美女

（1）中国の四大美女

ヘレネにクレオパトラと続けば、世界三大美女の残りの一人、楊貴妃についても書かねばならない。中国では例えば四天王のように数字の四が好まれる。有名な美女も西施、王昭君、貂蝉《ちょうぜん》、そして楊貴妃の四人だ。

その中でも代表格、つまり、美人と問われて最初に返ってくる答えが西施で、沈魚美人（川の魚が美貌に驚いて沈んだ）と呼ばれる。西施は春秋時代の女性で、越王句践が敵対する呉王夫差を陥れるために送り込んだ傾国の美女だ。夫差は西施の美貌と歌舞の才能に溺れて国を滅ぼした。西欧とはちがい中国では古代から身体の細い柳腰の女性が好まれたという（張 二〇〇一、四一頁）。西施は痩せて胸を病んでおり、胸に手を当て眉根をひそめる仕草が大変に美しかった。近所の東施という醜女がまねをしたところ皆が気持ち悪がって扉をしめたというので「東施効顰」（他人を模倣し、かえって笑いものにされる）という諺にもなっている。「美如西施」（美しきこと西施の如し）は美女への代表的な賛辞だ。

前漢時代の外交政策で匈奴の王に嫁がされた王昭君は落燕美人（美貌に驚いてツバメが落ちた）と呼ばれる。前漢では同盟国に皇女を下賜する懐柔策がとられ、その際には王の一族から反逆者の娘が選ばれる例が多かったが、王昭君は元帝の後宮にいた宮女だった。後宮にあがったものの似顔絵を描く画家に賄賂を贈らなかったので手を抜かれ、元帝に召されることもなかったという。元帝は匈奴の王に皇女や美人を贈るのはもったいないと考えて、宮女の似顔絵の中からまあまあと思える王昭君を選んだ。出立の日に初めて王昭君を見た元帝はその美貌に驚き、匈奴王は絶世の美女を与えた元帝の度量に感激したという。激怒した元帝により画家が断罪されたことはいうまでもない。王昭君は匈奴王の死後、その慣習に従ってその息子の妻となり異郷の地で生涯を終えた。王昭君をはじめとする悲運の美女たちの運命は李白や杜甫など多くの詩文学に描かれて有名になった（森友二〇〇二、九四～一〇〇頁）。

閉月美人（名月も恥じて雲に隠れる）と呼ばれる貂蟬《ちょうせん》は『三国志演義』に登場する歌姫で、後漢の重臣董卓に見初められて妻となり、董卓の義理の息子呂布を誘惑する。呂布は貂蟬との仲を知られることを恐れて董卓を殺してしまうのだが、実はこれは宰相王允によって仕組まれた暗殺計画だった。

最後の一人が羞花美人（咲いた花も恥じて落ちる）の楊玉環、つまり楊貴妃で、もともとは玄宗の息子寿王の妃の一人だった。スリムな柳腰を好む中国では珍しく唐代には肥満にちかい豊満な女体が好まれており（張 二〇〇一、五三〜五六頁）、肖像画の楊貴妃も豊満な美女である。玄宗はひとまず楊玉環を寿王と離婚させて道教の寺に入れた後、皇后に次ぐ貴妃の地位を与えて後宮に迎え入れ、十年にわたって彼女だけを愛した。白楽天の『長恨歌』は楊貴妃の姿と玄宗の寵愛ぶりを次のように描写する。

「春のまだ寒いころ、楊貴妃は華清宮の温泉に入った。すべらかな温泉の水が白く脂のようにきめ細かい肌（凝脂）を流れ落ちた。なよなよと艶かしく立ち上がれないほど（嬌無力）で侍女たちが助け起こした。雲をおもわせる豊かな黒髪に花のような美しい顔、歩けば金の簪が照り映えた（雲鬢花顔金歩揺）。帝は春の夜の短さを恨み、昼過ぎになってやっと起きる有様で、これ以後、早朝の政務をやめてしまった。後宮には三千人の美女がはべっていたが、帝の寵愛は楊貴妃だけに注がれた。楊貴妃のおかげで一族はみな栄えたので、世の人々は息子を産もうとはせず、女を産むことが大事だと考えるようになった」（第二段、現代語で要約）。

しかし楊貴妃の幸せは長く続かない。彼女の口添えで取り立てられ後に宰相となった楊国忠の失政によって民心は離れ、ついには安禄山の乱が起きる。追い詰められた玄宗は楊貴妃の処刑を命じざるをえなかった。『長恨歌』では楊貴妃を諦めきれない玄宗が道士に妃の魂を探させる。仙女となった妃は帝への思いと二人だけで誓った言葉「天に在りては願わくは比翼の鳥となり、地に在りては願わくは連理の枝と為らん」（第九段）を道士に伝えて物語は終わる。

『長恨歌』は帝王と美女の純愛物語として平安時代には日本に伝わり、凝脂、雲鬢、宛転娥眉（曲線を描く眉）、芙蓉如面柳如眉（蓮の花のような顔と柳の葉のような眉）などの美人の形容や比翼連理という愛の形は、漢詩文学や源氏物語などの物語文学に転用されて日本の美女像に強い影響を与え、民間に広まっていった。「楊貴妃の墓」とされる山口県油谷町の五輪塔や名古屋の熱田神宮の蓬莱伝説、京都東山泉湧寺の楊貴妃観音像の伝承などは楊貴妃が与えた影響の大きさを物語っている。

中国の史書には傾国の美女が多い。古代の三王朝も「夏は妹喜で滅び、殷は妲己で滅び、周は褒姒で滅ぶ」といわれるように、女色に溺れ政治を疎かにした王の時代に滅んだ。妹喜と妲己は美貌で君主に取り入って酒池肉林の享楽を楽しんだ悪女とされ、周王は褒姒を笑わせるためにイソップ寓話の「狼と少年」のように軍勢を動かして離反された。これらの逸話をみると、西施や貂嬋、楊貴妃も含め、美女はまさに王朝の災いである。張競は『美女とは何か』の中で、中学生頃の思い出として「美しい容姿が不幸をもたらすという考えは、なかば常識になっていた」と記し（張 二〇〇一、六九頁）、上述した美女（悪女）たちの伝承や貞操を守って自殺する女たちの物語が民間伝承とつながり、美は不吉で不幸であるという考え方が、美女の姿をした化け物談や男を破滅させる冷酷な美女像へとつながっていったと述べている（同、七一～八三頁）。

しかし一方で伝説の美女たちは、男たちの政略に利用された犠牲者とみることもできる。彼女たちがたとえどのような悪女であれ、為政者がきちんと政治をおこなっていれば政変は免れたはずであり、滅亡の原因は美女に耽溺したり美女を利用した男たちに求めるべきものだ。歴史書は為政者の非を美女に押し付けて傾国と呼んだが、それでもなお為政者は美女を追い求め、奪い、政争の具とした。美女が国（男）を滅ぼす「傾国」が為政者側の論理なら、為政者（男）に翻弄され悲劇の結末をむかえる「美人薄命」が美女側の論理である。同じく為政者に翻弄された民衆が、数多くの物語や劇に語られる伝説の美女たちに共感をおぼえたのも、天下の権力者がか弱い美女に手玉に取られる痛快さと、一瞬の栄華の後に破滅をむかえる悲劇的な結末に心を重ねることができたからではないだろうか。

（2）朝鮮の美女伝承――黄真伊《ファン・ジニ》

少しだけお隣の国も触れておきたい。韓国の人に歴史・物語・伝承を含めて一番の美女として有名なのは誰と聞くとしばしば沈黙がおとずれる。興味深いことに、最も有名な女性という質問には良妻賢母の申師任堂《シン・サイムダン》（一五〇四～一五五一年）、愛国の象徴柳寛順《ユ・グアンスン》（一九〇二～一九二〇年）、物語文学なら貞節を守った春香の名がすぐ出てくるのだが、美女となると日本と同じく楊貴妃の力が強いようで、しばらく考えた末に黄真伊《ファン・ジニ》の名が出てくる。成人女性の半数がなんらかの美容整形を経験済みという記事（『朝鮮日報日本語版』二〇〇七年二月二二日）を考えると不思議な気もするが、女性の評価が儒教的な徳目に偏っていた過去の教育の弊害なのかもしれない。

黄真伊は十六世紀、朝鮮王朝の中宗の時代に松都（現在のケソン）で活躍した妓生（官妓）だが、両班の血筋に生まれ相当な教育を受けて、九歳の時にはすでに漢籍を読み漢詩が作れるほどの才能があったといわれている。そんな彼女が突如妓生となった。才色兼備の優れた妓生という噂はすぐに国中に広まり特権階級の官僚や学者が一目見ようと押し寄せたが、黄真伊は自分が興味を持った人物にしか会わなかったという。彼女の逸話は多く、そのどれもが自由奔放で独立した女性の生き方を伝えている。美貌と才知で多くの男性を翻弄し、生き仏と呼ばれていた禅宗の高僧さえ破戒させた黄真伊だが、市井の大儒学者で当時最高の碩学といわれた徐花潭《ソ・ファダム》（徐敬徳）だけは彼女の誘惑にも動じなかった。黄真伊はその学識と高潔さに感服し、生涯にわたって師と仰いだという。徐花潭と黄真伊と名勝の朴淵の滝を「松都の三絶」と呼んだ。三絶とは三つの優れたものという意味である。また黄真伊は、全国をめぐって著名な学者らと交際し、その過程で数多くの名詩を残している。代表作の一つ「青山裏碧渓水」には次のような逸話がある。

碧渓守《ビョク・ケス》という王族の貴公子が黄真伊の名声を聞き、一介の妓生にうつつを抜かすなど両班にあるまじきことだ。真の風流人に女は不要だという模範を示してやると豪語して会いに出かけた。それを知った黄真伊は碧渓守一行を楼閣で待ちうけ、伽倻琴を引き寄せて静かに歌った。「青山裏を行く碧渓水《ビョク・ケス》よ、流れの速さを誇ることなかれ。ひとたび大海に至れば、戻り来ることあたわざる。今宵、名月は山に満つるに、しばしの憩いを楽しむべきや」碧渓守を流れる谷川の水に、自分の妓名である名月《ミョンウォル》を中天の月に例えて、一期一会の今このときを楽しもうと誘ったのである。この一首に碧渓守は心揺らぎ黄真伊の前にひれ伏したという(5)。

当時の世相や人物を記録した柳夢寅《ユ・モンイン》(一五九九〜一六二三年)の『於于野譚』は黄真伊の人物像を、気概があって男子のように侠気を持っていたと記し、徐花潭との逸話のほかに、宰相の息子と二人だけで質素な身なりで深山をめぐり、山寺の僧に物乞いしたり身を与えたりして食料を調達して半年後に戻った話や、武官の李士宗《イ・サジョン》と暮らした逸話を記している。歌が上手く風流な李士宗を気に入った黄真伊は六年間の契約同居を申し入れ、妾として彼の家に入った。そして最初の三年は黄真伊が生活費を負担して士宗の一家を養い、士宗の妻子に仕えた。次の三年は士宗が真伊の一家を養った。そして約束の期日がくると黄真伊は暇乞いをして去ったという。(柳 二〇〇六、一〇九〜一一二頁)厳しい身分制度と儒教に基づく男女有別で凝りかたまっていた時代に、卑しい身分とされる娼妓でありながらも豊かな才能によって一目置かれる存在となり、しかも隷属を嫌って自由な精神を謳歌した黄真伊は、朝鮮の歴史に残る女性たちの中でも異色の存在として際立っている。

(3) 日本の美女伝承——小野小町

イソップの寓話には、互いに相手を羨む「薔薇と葉鶏頭」という話がある。薔薇の美しい姿と芳しさを羨む鶏頭の花に薔薇は答える。「私はつかの間を生きるだけ。あなたはいつまでも、そのように若く、命の花を咲かせるのです」(中務 一九九九、二七四頁)。

羨むものは人それぞれであり、美しさの尺度もちがうということである。鶏頭は薔薇の一生を見ていない。咲き誇っている薔薇は美しいが、萎れた花を見れば鶏頭も薔薇の言葉に納得するだろう。人生のサイクルの中で美醜は変化する。一瞬の美を永遠に保つことは不可能だ。だからこそ美しいともいえるが、そんな儚《はかな》さを詠んだ和歌の作者が、日本ではヘレネの代わりに世界三大美女に加えられる小野小町である。

花の色は移りにけりないたづらに我が身世にふるながめせしまに（古今和歌集）

小野小町に由来する「こまち娘」や「〇〇こまち」という言葉は長い間美人の代名詞として使われてきた。今では米の銘柄のほうが有名な「あきたこまち」も本来は秋田美人のことだ。平安前期、九世紀の女流歌人で六歌仙の一人でもある小町だが、その生涯は謎につつまれている。一般には出羽の国の郡司小野良真の娘とされるが、出羽守小野滝雄の娘とする説もある。小町の生誕と終焉の地は青森から宮崎まで二〇ヵ所以上あり(6)、小町との関連を語る伝説は数え切れない。弘法大師と並んで最も伝説の多い人物である。小町の〈まち〉を更衣の居所に由来するとみて仁明天皇の更衣であったという説と、巫女の意味の〈まうちぎみ〉に由来するとする説があるが(7)、確かなことは『古今和歌集』（九〇五年）に小野小町作の十八首があり、紀貫之が仮名序で「いにしえの衣通姫の流れなり」と評したことだけといってもいい。そして小町の生前、あるいは没後の文献で、当代の美女として小町の名をあげた記録はない。十四世紀に成立した『尊卑分脈』でさえ、本朝三美人（日本の三大美人）にあげているのは衣通姫《ソトオリ》と光明皇后、右大将道綱母である。

それではなぜ小町は美女の代名詞になったのだろうか。鍵は紀貫之の評と『尊卑分脈』の評に出てくる衣通姫にある。紀貫之の評は、小町の歌は衣通姫の歌と同じように女心を歌ったものだという和歌の評価であった[8]。しかしこの文章が後には、小野小町は衣通姫と似ていると解釈されるようになる。衣通姫は『日本書紀』や『古事記』が絶世の美人と記し、その美しさが衣を通して輝いてみえたので衣通姫と呼ばれたという允恭天皇の妃（あるいは娘）で、美しさゆえに悲劇的な末路をたどった女性である[9]。これほどの美女と似ているからには絶世の美女にちがいないという拡大解釈が小野小町を美女の代表におしあげた。その一方で衣通姫のほうも、小野小町と同じく優れた歌詠みと誤解され、ついには和歌三神の一人になっている。

もうひとつは小町の和歌に表れた美人のはかなさというイメージだろう。美女であるからには愛されたはず、いや、誰にもなびかなかった高慢な美女だからあの和歌を詠んだのだ、そんな女が仏罰を受けないはずがない等々、やがて多くの伝説や物語ができ、能の「通小町」や「卒都婆小町」、寺社縁起や浄瑠璃作品となって広まった。「通小町」の小町は、私のもとへ百夜通ったなら思いを叶えようと深草の少将に告げ、九十九夜めに死んだ少将の亡霊に成仏を妨げられる高慢な女として描かれ、「卒都婆小町」では百歳になった小町が零落の身を僧の前に晒す。これらの文芸作品とともに小町は江戸時代には絶世の美人としての評価が固定し、美女の驕慢と零落の象徴となった。すべては小倉百人一首にとられた前掲の一首にあるといってもいい。桜の花が長雨で色あせてしまったように自分の容色もいつのまにかむなしく衰えてしまったなあという意味あいのこの歌が、謎に満ちた作者の一生とあいまって人々の想像力を刺激し、幾多の伝説と物語を生み出したのである。

そのほとんどは美のはかなさ、美におぼれた女の傲慢さ、そしてそのような女の惨めな最期というところに集約されている。

小町はあくまでも伝説の美女であり、クレオパトラや楊貴妃のような歴史記録もなければ為政者との愛の記録もない。天皇の更衣との説はあってもそれが伝説にはなっていない。深草の少将の物語も単に男と女の恋物語として描かれている。歴史伝承として評価した場合、西欧や中国の美女代表にくらべて小野小町はいかにもスケールが小さく、きわめて庶民的な美女である。明治時代の女学生が小町の「いとせめて恋しき時はむばたまの夜の衣をかへしてぞ着る」になぞらえて恋しい人の夢を見ようと寝巻きを裏返して寝たというように、小町の場合は前述の迫力ある美女たちとは異なり、誰にでもちょっと真似できるローカルな美女といえるかもしれない。

(4) 日本の美女伝承の特徴

なぜ日本代表の美女は女王でも傾国の美女でもなかったのだろうか。衣通姫や光明皇后が歴史の中に埋もれ小野小町がトップの座を奪ったのはなぜだろう。日本の美女伝承の特徴をいくつか見てみたい。

前述したように楊貴妃など中国の美女たちは日本の文学作品や美女表現に大きな影響を与えているのだが、日本にはいわゆる傾国の美女と呼ばれる女性伝承がない。天皇の一国支配が長く続いたからだろうか。群雄割拠する戦国時代の美女、豊臣家の滅亡に深く関与した淀君でさえも私たちは傾国の美女と表現しない。日本の権力者たちは美女に夢中になる愚を冒さなかったのか。秀吉の晩年の愚行や徳川幕府大奥の権力争いを想起するならば、為政者たる男性の資質や政権の構造ではなく美女の文学的な修辞法が違っていたと考えるのが妥当ではないかと思う。つまり美女本人ではなく伝える者と受けとめる社会の問題である。

日本における楊貴妃の力は絶大だった。室町から江戸時代にかけて成立した『御伽草子』でさえ、美女は「楊貴妃のように美しい」と表現され、楊貴妃こそが傾国の美女でありつづけた。そして日本で愛された『長恨歌』の楊貴妃のイメージは、たおやかでか弱い薄幸の美人である。行為の結果において同じ傾国でも、淀君は勝気なイメージが強すぎる。どうやら私たちの祖先は運命に甘んじる薄幸の美女を好み、最後まで運命に抗う強さや激しさを美女の修辞とすることを嫌ったようである。木曽義仲軍の大将として活躍し、相手の首を素手で捻じ切ったという巴御前でさえ、義仲の命に従って戦場で死ぬことなく仏門に入っておわる。

また、日本では妲己のような冷酷な美女もなかなか登場しない。これに関して『美女とは何か』を書いた張競は、中国では「六朝以降、美人のイメージは占有の対象としての賛美と破壊的な力をもつ悪女の仮面という二つの側面をもった」（張 二〇〇一、二九頁）のに比べ、日本で残酷な美人という通念が成立するのは江戸時代に白話小説を受容してからで「例えば称徳天皇のようなキャラクターなら中世の説話で残忍極まりない行いをする美女として書かれてもまったく不思議はないはずなのに、そのような文学作品はひとつもあらわれなかった」（同、九九頁）と述べている。称徳が天皇だから遠慮したわけでないことは、淀君と並んで日本の傾国と呼べそうな平安初期の藤原薬子（平城天皇の内侍、生年不詳～八一〇年）に傾国のイメージがないことでもわかる。

薬子は皇太子妃の母親でありながら皇太子に愛されて宮廷から追放され、平城天皇即位後に呼び戻されると寵愛を武器に政治に干渉、天皇の退位後も上皇となった平城をそそのかして天皇復位を図り平城京への遷都というクーデターを計画、嵯峨天皇の軍勢に敗れるや毒をあおって自殺した。薬子の場合は妲己並みの伝説が作られる素地が十分にあったにもかかわらず冷酷な美女の物語は作られなかった。ではどうなったか。薬子は非業の死を遂げた権力者らとともに、朝廷を脅かす怨霊として歴史に名を残したのである。民間説話の場合でも、悪行をおこなったり恨みをもって死んだ女性は人を惑わす鬼女や怨霊に変化する例が多い。あるいは紫式部の描く六条御息所のように生霊となる。つまり彼女らは妲己になりうる破壊力を内包していたが、物語の主人公としては美女から人ではない霊的存在へと変化して神仏の調伏あるいは祭祀の対象となるために、冷酷な美女の物語ではなく怨霊物語になってしまう。それが日本文化のもつ自然観の影響であったのか、それとも人間観の影響であったのかはわからない。

日本の美女のもう一つの特徴はその名前にある。例えば「本朝三美人」の衣通姫の名は輝きが衣を透けて見えたからであり、光明皇后は光明子（光り輝く娘）と呼ばれたことに由来する。『竹取物語』のかぐや姫も同様に輝きを意味する名である。「輝き」は中国の古典でも美人の形容として用いられているが、古代の日本ではこの「輝き」「光」が美女の名前にも転用された。

日本神話の最初に出てくる美人の名も木花之佐久夜毘売《コノハナノサクヤビメ》だ。『古事記』によれば地上に降臨したニニギノミコトは笠沙の岬で麗しい姫に会い求婚した。すると父親は姉の石長比売《イワナガヒメ》と共に差し出す。御子は醜いイワナガを帰らせ、サクヤとだけ一夜を過ごした。すると父親は、御子の命は木花のように儚いだろうと言う（倉野　一九六三、六八～七〇頁）。この物語は天神と国神の結婚による王統誕生の物語だが、同時に、生命の長さを岩と花にたとえ、花のもつ一瞬の美しさを選んだために人は短命となったと解く物語でもある。サクヤは後に一夜婚での懐妊を疑われ、天神の子ならば死なぬはずと言い放って産屋に火をつけ、炎の中で出産して死ぬという大変に気の強いお姫様だが、このようなまさに名は体を表す名づけ方は神話の叙述法であり、小町の〈まち〉が〈まうちぎみ〉であるとすれば、小町の場合もそれがあてはまることになる。また、サクヤ姫の神話は『古事記』の成立した八世紀初の日本人がすでに小野小町と同じ「花のように儚い美しさ」を美の定義としてもっていたことを教えてくれる。

3　美しさとは何だったのか

このあたりで民話の世界に目を向けてみよう。私たちの読む昔話のお姫様はみな美しく、多少の苦労はするが最後には王子様に出会って幸せになる。しかしお姫様の顔立ちを具体的に語る昔話は少ない。たいていは「昔々美しいお姫様がいました」で片付けられ、容貌の具体的な内容は聞き手の想像にまかされている。すぐに顔の浮かぶ白雪姫でさえも『グリム童話』では「雪のように白く、血のように赤く、そして黒檀のように黒い娘でした」（吉原　一九九七、六〇頁）と三色で形容しているだけで、私たちがその三色を肌・唇・髪に当てはめて白雪姫をイメージできるのは挿絵画家の技量とディズニーの才能に負うところが大きい。私は子どもの頃、なぜ姫はみな美しいのかを考えた末に、権力者は美女をえり好みでき、母親が美女だから王女も美しいのだという子どもらしからぬ結論に達してがっかりした記憶がある。まして日本の昔話には「太陽のように輝く髪」も「すみれ色の目」も出てこない。せいぜいが「白い顔」と「長い黒髪」くらいだから目鼻口の形は読み手の頭の中で形成される。

それでも日本の民間伝承で美しさをテーマとしたものはある。例えば田沢湖誕生の伝説の主人公辰子《たつこ》の物語だ。近くの村に辰子という娘がいた。娘盛りになって辰子は自分の美しさに気づくが、同時に年をとれば美しさを失うことにも気づいて、永遠に今のままでいたいと観音さまに願をかける。そして観音の教えどおりに奥山の泉の水を飲むと辰子の身体は竜になり、天変地異が起こって出現した紺碧の湖に消えていったという。美しさを知ることはその儚さを知ることでもあり、永遠の美しさは人に属するものではなかった。不老不死の竜は人間の目からは醜い存在だが、観音にとっては別の美しさをもつ存在なのかもしれない。その後辰子は八郎潟の竜と愛し合って幸せに暮らしたと伝えるものもある(10)。

笑話の「一目千両」は愚か者が単純さゆえに美女を得る話だ。大変に愚かな男が美人と評判の花魁を見に行く。「一目千両」なので襖は開いたとたんに閉まってしまう。男は三千両出して三回見た。すると花魁は三回も見た人は初めてだと言って男の嫁になったという話だ(11)。庶民の男性にとって豊かな財産と美女は最高の夢だったのだろう。一方で、親切な者への報償として美が与えられる話もある。本格昔話の「宝手拭」は一年の終わりにやってきてその社会の穢れを祓う「大歳の客」の類話で、汚い乞食の格好で訪れるこの客はマレビト（稀人）と呼ばれ、神や弘法大師とされる。西欧ではゼウスや預言者エリア、キリストとされ、強欲な者を戒めて親切な正直者に報償を与える審判者だ。マレビトの来訪を語る昔話の多くは、貧しいが親切な男や夫婦に豊かさを報償として与えるのに対し、「宝手拭」だけが唯一、女に美しさを与える話になっている。

「物乞いを可哀想に思った女中が親切に握り飯を与える。すると乞食は女中に手拭を与え、その手拭で顔を拭くと見違えるような美人になる。女主人が羨んで、翌日やってきた物乞いを無理矢理もてなし、もらった手拭で顔を拭くと馬の顔になる(12)」

この話について小澤俊夫は「……手拭で顔を拭くと美人になるというようなごく日常的な幸せまで……」（小澤 一九八二、一六八頁）と書いたが、女性にとって美への願望は日常的な幸せの域を超える価値ではないだろうか。きびしい身分制度社会では、例えば大奥の女中たちが美しさを基準に庶民から選ばれたように、庶民女性が特権階級へと上昇するほぼ唯一の手段は「美しさ」であった。「玉の輿」という言葉があるように、現在でも女性にとって美しさは豊かさへとつながる武器と認識されているといってもいい。だからこそ民話の世界でも幸せになるお姫様は美しいのだし、美女に押しかけられた「絵姿女房」の若者は「あんたのような綺麗な人はどんな金持ちの人のところへでも行ける人だから[13]」と困惑し、「蛇女房」では「あなたのような美しい女は自分のような貧乏な男には似合わないからやめてくれ[14]」と拒否する。

反対に醜い行いや悪行をおこなう者は外形も醜く描かれる。継子いじめの話に醜い継子と美しい実子の組み合わせがないように、民話も神話と同じく、名は体を表す方法で語られ、中間的な表現は使われない。美しい姫は試練によってもっと美しくなり、醜い姫は豊かになれば同時に美しさをも獲得する。民話の語る美しさとは豊かさと等価のものであり、豊かさの象徴であるといえる。

村澤博人は『顔の文化誌――美人進化論』（一九九二年）で日本の美人像の変遷について論じ、日本の特徴を「顔隠しの文化」という言葉で表現した。日本には西洋のような裸体画が発達せず、浮世絵の美人画や春画でも肉体美は強調されない。また真横からの顔はほとんどなく、正面や後ろ姿、斜めの姿が好まれた。肉体はデフォルメされた形で提示され、化粧においても感情をもっとも表現する眉を剃ってしまい、額に描き眉をすることによって表情を固定させようとした。縄文時代からあった首飾りや耳飾りなどの身体に直接つける装飾品も平安中期からの国風文化の中でいつのまにか消失し、代わりに服装の身分規定が染色の発達とともに強まっていった。顔を見せない平安朝の貴人たちは、じかに相手の顔を見ることなく、御簾の端からこぼれる着物の裾や重ねの配色、焚き染めた薫り、御簾や扇からほの見える容姿などの全体を総合して相手の美を感じ、和歌や書の教養もあわせて美人を評したのである。日本の代表的な美人たちは、このような顔を見せない文化の中で、想像の領域でイメージされた部分がかなり大きいといえる。この顔隠しの文化は前述した日本の美女たちの名づけの象徴性や悪行美人の非人間化とも通じるものであろう。そもそも美しさは個人の主観の問題である。人は美を称賛するが、何を美しいと感じるか、何に心を動かされるか、何に価値をおいて美を判断するかは個人にまかされている。美の儚さを好む日本の場合には、ものごとは記憶の中で美しく色褪せていく傾向が強い。私たちの祖先は花のもつ一瞬の美と儚さを愛したがゆえに、具体的な人物像の描写を避け、象徴としての美女をあいまいに提示することで、誰もが魅力を想像できる美人像を作り上げてきたのではないだろうか。

最後に誰もが美貌の主人公を思い浮かべる小説『風と共に去りぬ』の冒頭部分を紹介しよう。「スカーレット・オハラは美人ではなかったが、双子のタールトン兄弟がそうだったように、ひとたび彼女の魅力にとらえられてしまうと、そんなことに気のつくものは、ほとんどないくらいだった」（ミッチェル［大久保他訳］）。

私たちはスカーレットをプライドの高い美人の代表として受け入れているが、彼女の中に溢れる何か別のものが男たちを惹きつけ、彼女を美しいと感じさせていたのだ。本章でとりあげた伝説の美女たちが実際にどれほど美しかったのかはわからない。しかし、クレオパトラの例をあげるまでもなく、人々の記憶の中で美を再生産する決定的要因が容貌以外の部分であることはたしかだ。その女性の人柄や行為、社会に与えた影響、悲劇性などに人々が親近感や共感をもったときに、社会は彼女を美女として記憶し、美女伝承が誕生するのである。

註

（1）飯間浩明氏のブログより抜粋する。「マレービアン（西田司他共訳）『非言語コミュニケーション』（聖文社、一九八六）で示されているデータは、『表情と言葉が矛盾する場合』に、人は何から最もインパクトを受けるか、という調査の結果です。例えば（以下は私が作った例ですが）、こういうようなことです。あるとき、恋人がいかにも気のなさそうな声と表情で『愛しているよ』とあなたに言ったとします。これが、『表情と言葉が矛盾する』メッセージということです。こういうときであれば、だれだってことばより表情を信用するでしょう」http://yeemar.seesaa.net/article/11439367.html

（2）柳沼重剛『ギリシア・ローマ名言集』（岩波書店、二〇〇三年）二一頁より引用した。同書はラエルティオスの『ギリシア哲学者列伝』とプルタルコスの『結婚訓』から採用している。

（3）クレオパトラとされる像はいくつか残っているが、大英博物館所蔵の貨幣が有名である。ピーター・クレイトン『古代エジプトファラオ年代記』（太平社、一九九九年）の二七七頁を参照。

（4）ルネサンス期の美人論についてはアーニョロ・フィレンツォーラ『女性の美しさについて』（ありな書房、二〇〇〇年）、岡田温司『ルネサンスの美人論』（人文書院、一九九七年）が詳しい。

（5）朴禮緒「朝鮮歴史民俗の旅」時調（二）、朝鮮新報二〇〇四年六月十二日。

（6）出羽の国福富の荘桐木田に伝わる伝説は次のようなあらすじをもつ。「小町はたいそう美しい娘で十三歳にして都へのぼり都の風習や教養を身につけ、その後二十年程宮中に仕えました。容姿の美しさや才能の優れていることなど、多くの女官中並ぶものがないといわれ、数々の逸話や伝説を残し、晩年は、世を避け、香を焚きながら自像を刻み九二歳で世を去りました」。ＮＴＴ東日本秋

田支店「いまいち秋田」http://www.imaichi-akita.jp/index.html
（7）小町を仁明天皇の更衣であった小野吉子とする説がある。小町の〈まち〉が更衣の居室を意味するととる説だ。一方、平凡社『世界大百科事典』の解説で丸山久子は小町伝説の多さに触れ、「小野姓は神官に多いことから、日本の固有信仰と深い関係を持ち、かつ全国を移住し歩いた家柄であって……そのために小野小町は一人ではなかったろうと、古くからいわれていた。……中世以来、信仰を伝えて諸国を遊業した女性の一群があって、その人々がこういう伝説を運搬し歩いたものと考えられる」として、〈まち〉の語源は〈まうちぎみ〉で、神につかえるという意味だとしている。
（8）「いにしえの衣通姫の流れなり。あはれなるようにて、強からず。いはば、よき女の、なやめる所あるに似たり。強からぬは、女の歌なればなるべし」
ちなみにこの評について西下経一は平凡社『世界大百科事典』で「作品を実際鑑賞してみると、しっとりとした趣はなくて、むしろ、奔放であり、情熱的であり、弱いというところはない」と疑義を呈しているが、西下に共感する人は多いのではないだろうか。
（9）衣通姫は日本書紀では允恭天皇の妃とされ、古事記では允恭天皇の娘の軽大郎女とされている。「顔かたちすぐれて比ぶものなし。その艶える色は衣を徹りて照れり。このゆえに時人（よひと）衣通の郎姫（いらつめ）と名付けて云えり」（書紀）「軽大郎女、亦の名は衣通郎姫。御名を衣通王と負はせる所以は、その身の光、衣より通り出づればなり」（古事記）
（10）「田沢の辰子」は、秋田県国語教育研究会『秋田のむかし話』（秋田県学校図書館協議会、一九九六年）を参考にしたが、この伝説の後日談として、八郎潟の八郎との愛の物語、それを妬んだ十和田湖の主との八郎との戦いなどを伝える伝説もある。
（11）「一目千両」、稲田浩二他『日本昔話事典』七八〇頁（光文社、昭和五二年）。

（12）「宝手拭」、稲田浩二他『日本昔話事典』五三七頁（同右）。
（13）関敬吾編『日本昔話大成』二巻（角川書店、一九七八年）二七六頁、鹿児島県大島郡奄美大島の例。
（14）同右、一六〇頁、鹿児島県大島郡喜界島の例。

参考文献

石川忠久『白楽天一〇〇選』日本放送出版協会、二〇〇一年
エヴスリン、バーナード（小林稔訳）『ギリシア神話小事典』社会思想社、一九七九年
小澤俊夫『昔話とは何か』大和書房、一九八三年
木村千鶴子著、吉田敦彦監修『ギリシア神話がよくわかる本』ＰＨＰ文庫、一九九七年
倉野憲司『古事記』岩波文庫、一九六三年
張競『美女とは何か――日中美人の文化史』晶文社、二〇〇一年
中務哲郎『イソップ寓話集』、「薔薇と葉鶏頭」岩波文庫、一九九九年
パパニコラウ、ニコス（谷口伊兵衛・高野道行・安藤 コンダクサキ ユウ子訳）『ヘタイラは語る かつてギリシアでは…』而立書房、二〇〇六年
ブルフィンチ、トマス（大久保博訳）『ギリシア・ローマ神話』角川文庫、一九七〇年
プルタルコス（河野与一訳）『プルターク英雄伝』、岩波書店、一九五六年（クレオパトラへの言及は十一巻の「アントーニウス」「デーメートリオスとアントーニウスとの比較」に出てくる。）
ブーロー、バーン／ブーロー、ボニー（香川檀・家本清美・岩倉桂子訳）『売春の社会史』筑摩書房、一九九一年
ミッチェル、マーガレット（大久保康雄・竹内道之助訳）『風と共に去りぬ』河出書房新社、一九六

六年
村澤博人『顔の文化誌——美人進化論』東京書籍選書、一九九二年
森友幸照『賢母・良妻・美女・悪女——中国古典に見る女模様』清流出版、二〇〇二年
柳夢寅（梅山秀幸訳）『於于野譚』作品社、二〇〇六年
吉原素子・吉原高志訳『初版グリム童話集（二）』白水社、一九九七年

第三章　美女とは誰がどのように決めるのか

渡辺みえこ

人間は、すでに発情期を失い、そのために女性の性欲なしの性交や、強姦、大量殺戮などを行う「文化的」生き物である。三五億年続いてきた生物、人類の歴史もたった一代で狼になってしまう。狼に育てられた姉妹、カマラとアマラのように（シング 一九七九）。父権制のなかで、美は、特に女性の美はその時代や権力の嗜好が決めてきた。近代は、西欧白人男性中心文化となり、美の基準もそれを頂点として位階付けられてきた。しかし人類学では、それぞれの環境適応によって人種の特色は形成されているに過ぎないという。人類進化学の埴原和郎によれば、寒冷地において鼻や顎の先端部では体温が逃げやすく、突出していると凍傷を起こす。このため適応進化が進んでいるのが北方モンゴロイドである。顔の扁平性はヴュルム氷期（約二万年前）から特徴が強くなってきた。

鼻は空気調節の重要な役割のため低くなり、頬骨は前に出てきた。また一重まぶたやまぶたの脂肪、蒙古襞も、寒冷適応の結果である。眼球はほとんどが水なので凍結を防ぐため眼裂は細く小さく空気に触れる部分を少なくするのだという（埴原 一九八四）。その地に合った草木と同じように生まれでた大地で人々は生き継いできたのだと言えよう。

1 失われたものの再生

(1) ニキ・ド・サン・ファールの射撃絵画――再生のための殺戮

アメリカ、マリブの浜辺で、三二歳のニキ・ド・サン・ファールは、石膏レリーフを二二口径のライフルで撃つ（一九六二年）。穿たれた穴から絵の具が滴り、画面が極採色の血を流しているように、動き、身もだえし進行していく。破壊する標的はキリスト教教会や花嫁衣裳をまとった女たちであったりするが、その中心は従順なクリスチャン少女や一八歳のころのニキがしていた被写体としてのモデル、よき妻などの彼女自身にも向けられていた。

ニキは、一九三〇年、ニューヨークの銀行支店長だったフランス人の父、アメリカ人の母の間にパリ郊外で生まれたが、父は三〇年の大恐慌で破産し、幼いころ祖父母のもとフランスで過ごし、七歳でニューヨークに移り女子修道院付属小学校に通い厳格なカトリック教育を受けた。少女時代を金融恐慌、第二次大戦の中で過ごした。

ニキは母から「拒絶された娘」であったと、上野千鶴子は書簡などを援用しながら書いている(上野　一九九四、六五頁)。そのためにも彼女は、生涯をかけて母なるものに出会い癒される必要があった。そこでみずからの手で地母神である「ナナ」を作り出したのである。

ニキは一九四〇年代後半の冷戦時代、共産主義者狩り、同性愛者狩りなどが行われていたマッカーシズムの時代に高校を卒業、二元的ジェンダー秩序の規範の中で少女時代を過ごし、一八歳で「見られる」対象であるモデルの仕事をし、二〇歳で結婚した。結婚一〇年後、一九六〇年、二児を夫のもとにのこし離婚する。それから二年後、射撃絵画を行う。このライフル射撃のパフォーマンスは、アメリカ白人文化を揶揄するのに格好の素材だった。彼女は、アメリカの現代「文明」社会の中で銃による「野蛮」なパフォーマンスを公開して見せた。それは一六二〇年、一〇〇人ほどのイギリス清教徒が、「新世界」に降り立ってから、銃で先住民たちを「文明化」してきたことを人々に思い起こさせただろうか。

ニキは、それまでの自分自身を破壊しながら新しい自己を形成し、意識化していく。そしてこの自虐的な破壊のプロセスののち、自らの手で大きな母を作り出していく。彼女はサド・マゾヒズム的葛藤をへて母や大地との和解を取り戻していった。

赤ん坊を足の間にぶら下げている「女の祭壇」(一九六三年)や頭にへアーカーラーを巻き胸に花を飾り太い腰にガーターをつけたハイヒールの女性、「磔刑」(一九六三〜六四年)、近代科学機器が埋め込まれ、赤い絵の具を滴らせている「家長の死」(一九六二〜七二年)などの攻撃的なパフォーマンス・アートや、レリーフなどを発表する。彼女は自作を自叙伝と呼んだ。

一九六二～一九六三年に制作したオブジェ、「赤い魔女」は、女の心臓の部分に聖母像が埋め込まれている。西欧キリスト教文化の中で聖母と魔女に分断された女は、ここで一つの女の身体に戻されている。聖母にも血のような赤が滴っている。十四世紀ヨーロッパで始まった魔女狩の狂気をニキは再現してみせる。心臓に聖母を抱えた魔女を二〇世紀の女が、銃で狙い撃つというパフォーマンスによって。

バーバラ・エーレンライク／ディアドリー・イングリシュによればヨーロッパ十三世紀、貧しい人々のための女性医療家が魔女とされ、男性医師に取って代わったのは、国家と教会が女性には門戸を閉ざした医師免許法と、男性の科学の権威が女性の医療を「迷信」として追放したことによる。アメリカでは、二〇世紀初頭から女性の産婆が禁止され、女性は看護という補助労働者（ancillary workers は女中を表すラテン語の ancilla からできた語）のみに追いやられた。医療と看護はかつては一人の医療家が行っていたが、この後医師と看護婦に分断され、位階化された（エーレンライク他一九九六、三～四頁）。

魔女の体に流れ飛び散っている赤い絵具は、西欧の名もない貧しい女たちの叫び、または後のあらゆる父権宗教で不浄とされた女の経血であったりもする。これらはかつて自分自身がその中で生きていたカトリックの厳格な規律や父権社会の中の結婚制度や、その中で生きなくてはならない「女」という作られた規範や、西洋言語の規範である男根論理中心主義《ファロゴセントリズム》、そのようなものに向かっての「射撃」であっただろう。魔女が流した赤絵具の血は、近代に周縁にやられ抹殺されてきたものたち、非白人、被植民者やその大地、開発によって消えていった自然の動植物、そして最後の植民地である女たち自身（バリー 一九八四）などだろう。

古代神話研究者のバーバラ・ウォーカーは、古代神話における経血の意味について次のように記している（ウォーカー 一九八八）。東洋と西洋の古代社会では、経血には、氏族や種族の生命を伝える媒体であるところから、最高権威の霊が宿っていた。アシャンティ（アフリカ西部の旧王国）の人々の間では、女の子は「血」magya の運び手である。インドでは経血は「タラの花」あるいは「タラの蜜酒」として知られ、家族の生命と密接に結びつくものであった。少女が初潮を迎えたときは「花を生んだ」と言われる。英語の花を意味する語 flower は「溢れる（flow）もの」という重要な字義上の意味を持っている（「Menstrual Blood」：同、五一五〜五一六頁）。

ニキが作品の中で行った母系社会への回帰や被写体としての見られる存在から作品を作る主体になったとき、ニキの言う「犠牲者なき殺戮」は、地母神「ナナ」へたどり着くために、経なくてはならない道だったのであろう。

(2) イヴからナナへ――キリスト教から古代エジプト神話へ

また破壊する的の中心には女性が原罪をおかしたイヴの末裔であるとするキリスト教の教義や、女性を家庭の私的空間のみに閉じ込める道徳などがあったであろう。

ウォーカーはまた、イヴが粘土から男女の人間を創造した女神とされていたという古代神話について次のように記している。イヴの名は、古代インドではジヴァとかイエヴァとも言われて、あらゆる現象を創造する女神であった。アッシリアの聖典では、母／子宮、運命の創造女神という添え名を与えられていた。ヒッタイト族はイヴを Hawwah「生命」と言った。ペルシア人のイヴは Hvov「大地」であった。アラム人はイヴを Hawah「全生物の母」と呼んだ。アナトリアでは、Hebat、あるいは Hepat で、ギリシア語の派生語 Hebe もあり、「処女大地」を意味していた。イヴと蛇と「生命」の名前は今もアラビア語の同じ語源から出ている。アダムは神からではなく、イヴの言葉の力によって創られたとグノーシス派の聖書にある。イヴが「アダム、生きなさい。大地から立ち上がるのです」と言うと、イヴの言葉はただちに実現され、アダムは起き上がって、目を開けた。アダムの名前は、彼が血で湿った粘土で創られたことを意味している。これは adamah すなわち「血の粘土」という女性の魔力であった。それ以前のメソポタミアの話では、アダムはイヴからつくられた（「Eve」：同、二三四頁）。

またそのほかのニキの標的は「新大陸」を「発見」し「アメリカ」と名づけたヨーロッパ白人男性＝人間かもしれない。

一九六三年にはフェミニズムの古典となったベティ・フリーダンの『女らしさの神話』（邦訳『新しい女性の創造』、フリーダン［三浦訳］一九六五年）が出版されている。ここでフリーダンは、家事、育児などの私的再生産労働のなかの中流白人主婦の欠如感、孤立などを「名前のない問題」と名づ

ニキ・ド・サン・ファール

ホーン（1966年）

Carla Schulz-Hoffmann, Pierre Descargues. *Niki de Saint Phalle: Bilder, Figuren, phantastische Gärten*. München: Prestel-Verlag, 1987.

けた。彼女は、六六年に全米女性機構（NOW）を結成し女性解放運動を展開していく。

一九六五年、ニキは、射撃によって過去を殺戮し終わった後、様々の爬虫類や恐竜などとともに極彩色の蛇も制作していく。

そして一九六六年、ストックホルムで巨大なナナ、「ホーン」（スウェーデン語で「彼女」という意味）を制作する。「ホーン」は、長さ二八・七〇メートル、高さ六・一〇メートル、幅九・一五メートル、重さ六トンの巨大な女が足を開いて仰向けに寝ているポリエステル素材の彫刻だ。中に入ると金魚が泳いでいる池があり、乳房はバーになっていて天井にはプラネタリウムがある。

ナナについて岡部あおみは、「作品解説」の中で次のように言っている。「サン・ファールのナナたちは、豊満で不完全で醜いことで、男性が描き続けた古典的な理想の女性像を嘲笑し、自由で巨大で自立していることで、娼婦としての性的従属や性的崇拝からの解放を表す。制度化された女の典型が破られ、太古の地母神や古代のヴィーナスのように豊饒をになう始原的な女性像として、新たな女の躍動的なカオスとして創造されている。天真爛漫なエロスたちは、誰にでも親しみがもてる大衆的な用語でナナと呼ばれた」。

ニキにとって胎内回帰は、フロイトの言うようなタナトスの願望ではなく、そこでいのちとの交感をし、再び誕生する儀式を多くの人々と共有することでもあったろう。元始の人々はアルタミラやラスコーのような洞窟に祈りをこめて呪術的に動物画を描いた。ニキは、行き詰まった二〇世紀の西洋文化の中で巨大な地母神を作ることで古代の地霊を呼び寄せようとしたのかもしれない。すでに母の胎内から生まれ出てきてこの世界に生きている人々が、その中で親しい友人たちとお茶を飲み、プラネタリウムで星を眺める。それはヨナ（『旧約聖書』ヨナ書）が神の試練で三日間鯨の腹の中にいた苦難の経験とは違い、ニキが誘ったものは、二〇世紀の人々を大きな母胎に包みこむ暖かい経験であった。

(3) 古代エジプトの神々

ニキがテーマにした古代エジプトでは、太陽神ラー＝アトゥムは、女神ヌトに飲み込まれ、その胎内で自らを再創造し生まれる。ニキは、自己の内部に巣食っていた父権制の様々なものを殺戮し終わり、大地母神を作り、五九歳のとき、極彩色の豊かで自由な形のエジプトの神々のシリーズを制作する（一九八九年）。彼女は、様々なよろいを脱ぎ捨てて豊饒な大地母神に抱かれる理想郷にたどり着いたのであろう。

彼女はまた「ブラックナナ」（一九六八〜六九年）のような黒人のナナ像も多く制作している。射撃のとき左目だけで狙いを定めるニキの視線と『ライフ』誌の表紙になったモデル時代のものとは違う。見られる「女性」から、狙い撃ちし直視する視線に変貌した。ニキは銃という暴力の機器を使って白人文化の暴力を撃つ。その的は、アメリカ原住民を虐殺したニキの遠い祖先であるヨーロッパ白人かもしれない。六〇年代アメリカは、共産主義対資本主義の代理戦争に深く介入していき、ベトナム反戦運動は広がっていった。

このころジョンと小野洋子は、二人の全裸写真のジャケットのレコード“Two Virgins”（一八六八年）を発表し発売禁止となった。そして翌年、一九六九年に結婚をした二人はベッドの上で平和について語り合うというパフォーマンス、「ベッド・イン」を行った。

ニキの地母神は、人類が信仰の対象を大地から天に変え、やがて一神教の男性人格神を信仰する以前の、自然と共生をしていたアニミズムの世界のものであろう。

一九九〇年には背中に電球を背負った美しい河馬の像を制作している。ポリエステルの「緑の女神」「青い女神」、金色のブロンズ「トエリス」など。それは西欧キリスト教男性一神教文化から母系的古代エジプト多神教の世界への帰還であった。

河馬の女神トゥエリスは、妊婦と出産の保護の女神で、河馬の頭と胸、ライオンの足、鰐の尾、人間の乳母の重く垂れた乳房と妊娠した大きなお腹を持つ。ギリシャ語ではトゥエリス（エジプト語で偉大なるもの）、古い名は、澄んだ水の中にいるものという意味があり、澄んだ水とは原初の水でありすべての生命がそこから出現するナイルの増水の水である。

紀元前五世紀の、ギリシャの歴史家、ヘロドトスは、エジプトを訪れた印象について驚きを持って記録している。人類に共通の慣習とは正反対で、市場に出かけて精を出すのは女性で、家で機織をするのは男性、などと。ナイル川流域では、毎年夏至のころ洪水が肥沃な泥土を運んできて十一月中旬にひいていく。女神信仰と自然との共生をした人々は、この洪水を女神イシスの涙の賜物といった。

（4）蛇と龍

一九七一年にニキが制作した角状の背びれを持つ龍の体と蛇の頭を持つポリエステルの彫刻「龍」（五二cm×七六cm）は、赤、黄色、コバルトブルー、エメラルドグリーンなどの美しい原色、ニキカラーの龍だ。また一九七四年に制作されている「蛇の木」（ポリエステル、五二cm×六〇cm）は、枝がすべて蛇の頭になっている古代エジプトの輝く光のような色彩の蛇たちだ。

日本文明の基底には蛇信仰が息づいており、蛇信仰はほとんどの文化圏にも存在したが、キリスト教では、蛇は神に罰せられた邪悪な生き物とされている。女はマムシの末、イヴの末裔とされ、脳生理学でも妊娠出産の脳といわれる辺縁系は、動物に共通した古い脳で蜥蜴脳などと呼ばれもした。創造、意志などの前頭葉、大脳新皮質は人間＝男性的脳とされてきた。しかし現在、地球の危機の時代に生命に敏感な感受性こそ必要であろう。蛇は、冬眠や脱皮による再生、不死のイメージ、大地の豊饒性や霊力の象徴として崇拝と畏怖、また忌避もされてきた。

キリスト教聖人伝説の龍退治となっているヨーロッパ文化の神の敵、悪魔である恐ろしい龍をニキは太古の豊饒な光り輝く蛇に戻した。

（5）日本古代、大力や賢《さか》し婦《め》は美しい女だった

日本文化の中で女性の美はどのように表現されていたのだろうか。九世紀はじめ古代日本では男

女とも大力は賞賛され（『日本霊異記』）、「賢《さか》し婦《め》」も評価され、古代では評価される能力に男女差はなかったと関口裕子は記している。美女とされる珠名娘子《たまなおとめ》について「胸別《むなわけ》の広けき吾妹《わぎも》」（『万葉集』）は、「古代女性の胸は鉏《すき》のようにがっしりと幅広いことが美しいとされて」いたと本居宣長の説を援用し「働く女性の健康美が貴族層にまで共有されている」と述べている。また「たわやめ」の「たわ」は、たわむ（加えられた力に耐えながらしなやかに曲がる、跳ね返す力を秘めながら押されて曲がる）、ますらおとたわやめは、剛《つよ》い男と勁《つよ》い女をあらわした、と（関口 一九九三、三〇頁）。

宮田登は、本来力は女の所有物であり、男の力持ちはそれを女から授かると、柳田国男『日本の昔話』の民話を例に述べている（宮田 一九九三、三四～三九頁）。

また古代には、「美人之富登《おとめのほと》」などのような女性性器の名前が普通に使用されていた。秀処《ほと》は、身体の大切な処という意味で、「御保止《みほと》」は祝詞の神に対する真正な言葉で、古代では女性器は神聖なものであったが、その後男権社会になって男性の欲望の対象として卑しめられ口に出すことが憚られるにいたったという。そして十二世紀初頭の『今昔物語集』では、女性を仏教に帰依させるために女性蔑視を流布させていき、女性の大力や賢《さか》し婦《め》などは蔑視されるようになった（関口 一九九三、一一八～一二一頁）。

そして兄弟姉妹の名称は、奈良時代までは長幼の別なくイモ（女）、セ（男）と呼び、夫婦はともにツマと呼んだ（明石 一九九二、一二一頁）。

日本の家父長制は、中国の律令制を基底にしたが、中国では、班田も税も男性のみだったのに対し、日本では女性に三分の二の班田支給がされた。女性は生産力や自己の財産をもったが、律令制導入後、儒教的家族観念は、支配層から次第に民衆にも広がっていった。

醜《しこ》は、太古の日本では、「いとみにくき」といわれた磐長姫なども不死であり、「しこめいてしまった」という腐乱死体になったいざなみも霊的な異界を横断する力があり、美に拮抗するほどの力であった。しかし仏教移入で、美醜に善悪の概念が加わったと、大塚ひかりは記している。そして法華経では、前世での悪行が醜に、善行は都会に生まれ美しく、金持ち、高貴に生まれると説き、平安中期の浄土教は、美は善であり、男女とも美が価値となる。外戚制度により、美人は家のほまれとなり、平安後期、権力が天皇の母方から父方（上皇）に移行し、知恵と才能によって出世する醜男と、小野小町、和泉式部など美女、賢女が落ちぶれる話が多くなる。江戸時代の「累が淵」や「お岩」などでは、持参金つきの醜い妻を殺す物語がでてくるが、女性の力が封建社会で死んでたたるというような無力な負の表現になっていった、という（大塚　一九九四）。

2　美の表象

(1)「見られるもの」から「見るもの」へ

ドイツの女性写真家のハンナ・ウィルケは、五三歳、癌で死ぬ前の自らの全裸写真『イントラ＝ヴィーナスシリーズ』（一九九一〜九二年）を発表した。

ハンナ・ウィルケ

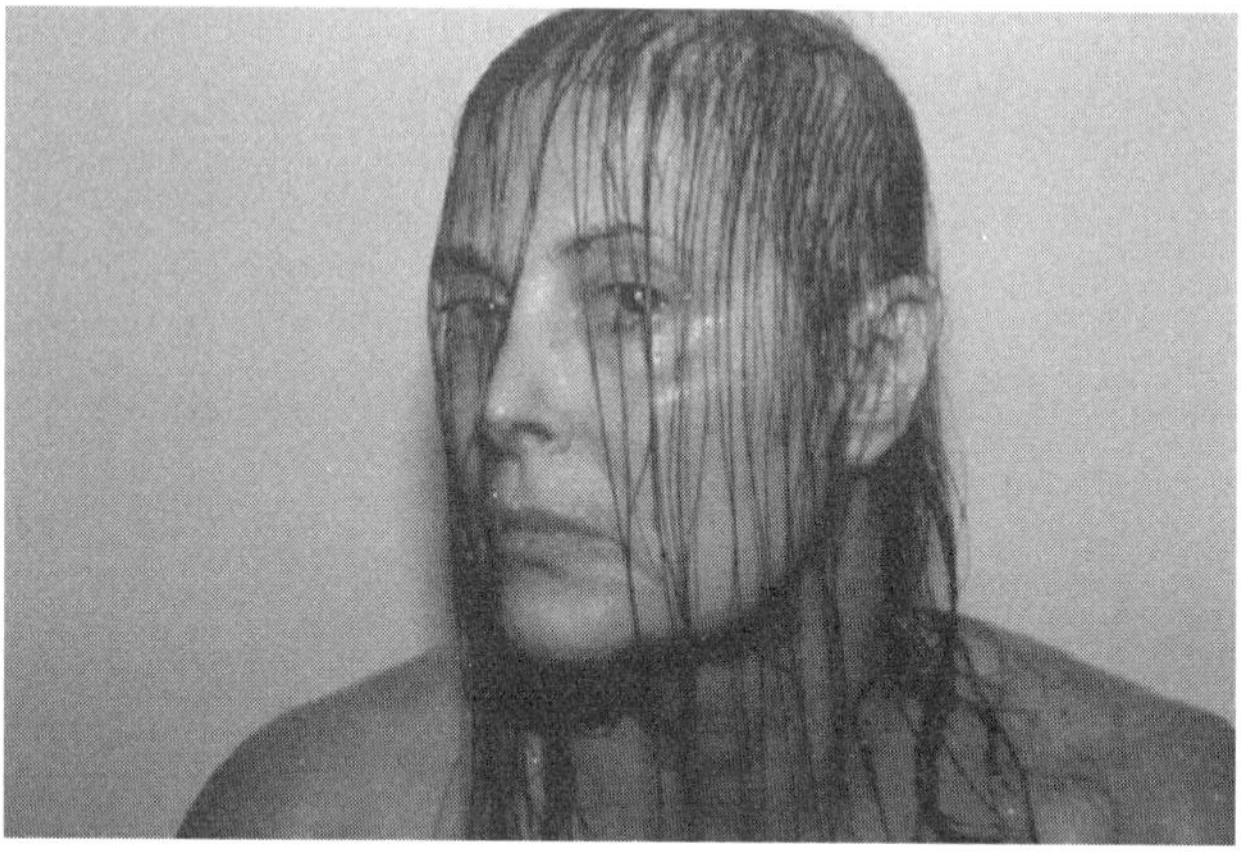

Copyright 2007 Donald Goddard, Courtesy Ronald Feldman Fine Arts, New York

ハンナは一九四〇年、ニューヨークに生まれ、一九六〇年代、七〇年代を通してパフォーミング・アーティストとして活躍した。イントラ＝ヴィーナスシリーズとともに展示されたのは、『スーパー＝t＝アート』（一九七四年）で、美しいと賞賛されていた三〇代の彼女のモデル写真だ。

見られるための「美しい女性」の写真と、『イントラ＝ヴィーナスシリーズ』、癌治療末期のため体じゅうにチューブが差し込まれ、髪は抜け、転移によって喉は癌腫で腫れ上がっている写真だ。時には瞑想するように、時には笑顔で、カメラを見つめている。チューブや手術跡のガーゼをつけたままの全裸写真などは壮烈な作品である。「そのぎりぎりの状態でウィルケが常と変わらず『生きること』に向かったゆえに生まれた作品であった」と笠原美智子は解説で述べている（笠原 一九九六）。死の二年前の作品だ。ハンナの中の癌も彼女の命を吸って生きており、そのハンナの肉体も戦いながら生きている。その裸体は、父権社会の快楽の視線に迎合しているものではなく、かつて美しかった女性の身体の、崩壊とその戦いのなまみの姿に読者は立ち会わされる。その二種類の写真は、見るものに攻撃的に迫ってくる。五三歳の癌に侵された女の全裸の姿をさらしながら「美しい女」という父権社会の虚構を嘲笑して。彼女はカメラのレンズを見据え、見るもの見られるものの位置を逆転させる。

(2) 見ることの力と禁忌

見るのギリシャ語、テオーレイン（theōrein）やイデイン（idein）は、アリストテレスのテオーリア（theōria、観想）やプラトンのイデア（idea）を生み出した。見ることは叡智を持つことであった。日本が書き文字を取り入れた中国では紀元前にすでに甲骨文字を持ち、奴隷制が確立していた。漢字の瞳は、目玉の中心を突き通る黒い穴であり、「突き通す」「突き抜く」というイメージがある。字形は、「突き通す＋辛（刃物の形）」を合わせ、刃物で突き刺して入れ墨した奴隷を暗示した形声文字で、古形は「目」を含むので目を突き抜かれた奴隷とも考えられる、瞳は目の童であり、英語の pupil も瞳と生徒の両義があり、ラテン語の pupilla は、瞳と孤児の意味がある、という（加納一九九八、二四三頁）。

ギリシャ神話の女怪、メドゥサ（統治する女）は、見るものをその醜悪さで石にしてしまうといわれている。ペルセウスが退治し、首を斬られた形で西ヨーロッパの歴史を生き抜いてきた。しかしゴルゴンの首は、ギリシャ文明以前からあり、建築、武具の飾りや護符、魔よけになっていた。メドゥサは、海の神フォルキュスの娘、ステンノ(権力、強い女)、エウリュアレ(広く飛ぶ女)の三姉妹の一人で、唯一可死であった。

ウォーカーによると、メドゥサは「女性の知恵」を表すリビアのアマゾン女人族のヘビ女神であり「万神の母」と呼ばれていた。メドゥサの隠されている危険な顔のもう一つの意味は、月経のタブーであった。原始的民族は、しばしば月経中の女の視線は人を石に変えることができると信じた。メドゥサは生命を造ることも、破壊することもできる魔法の血を持っており、恐ろしい生と死を与える女の月、血を表した。蛇の髪に囲まれた女の顔は、昔から広く認められた神聖な女性の知恵のシンボルであり、女性に神聖な力を与えたと思われる「知恵の血」のシンボルでもあった、という(「Medusa」:ウォーカー 一九八八、五一〇頁)。

メドゥサは、ギリシャ父権社会の中でペルセウスに首を斬られ、そしてキリスト教で蛇とともに罰せられた女怪の象徴として生き続けた。それは西欧父権論理の文化が恐れてきた非論理的なもの、形のないものとして、魔性の女の系譜、宿命の女《ファムファタール》に連なる。

日本は、流動する水の文化である。西欧絵画が忌避してきた流動的であいまいなものの中に女も含まれていたのだが、絵画では、科学遠近法を生み出した西欧キリスト教文化は、金色をルネッサンス以来使用しなかった。しかし日本の将軍たちは金屏風に囲まれ、紫磨黄金の浄土のような空間で会議をした。金は、色彩論では有彩色ではなく、乱反射してその中に自我を溶かし込む。物に色彩（表面色）があるということは、見るものとの関係が測れる距離や重みを感じさせる波動が伝えられることである。日本は絵画の中にそのような表面色を持たない非物質的なものを美しいものとして描いてきた。霧、雨、霞、雲、火炎、流水、波濤、桜花など。また絵巻などは流れを様式化して金雲として描き、琳派などは、波濤紋、流水紋として様式化している。雪月花、花鳥風月なども詩歌の中に歌われてきた。そのなかで水と豊饒の象徴である蛇も生き続けてきた。

(3) フェミニズムキリスト教

一九六〇年代には、アメリカの女性神学者たちが、男性中心的キリスト教批判の論文を発表している。一九八五年に『女性と宗教ジャーナル誌』がクライスタ（キリストの女性形）の特集号を出した。そこにはヘブライ語のあばら骨（rib）とは横面（side）の意味であり、両性具有のアダムのうち女性の部分が離された。イエスはユダヤの間に広く使われた男性名だが、キリストという名は男女両性を意味している、などというジョー・ミルグロムの説などが掲載された。

またNCC（全米教会協議会）は、一九八〇年「聖句集委員会」を結成し、性差別を排除した『総括的用語の朗読用語集』と題する聖句集第一巻を出版し、次のような語句も変えられた。例えば、「God the father→God our father and mother「son of God→child of God」「son of man（人間）, mankind→Humanone, people」などである。一九九〇年、五月には、デサイブル・クリスチャン・チャーチは、NCCを採用し「女性が自分たちの事をsonsと言って来たのは不当」だとした。

（生駒　一九九四、一九〇〜一九三頁）

（4）フリーダ・カーロ・「VIVA LA VIDA（生命万歳）」

人は生理的早産だと言われている。動物行動学によると、カンガルーの赤ん坊は、爪の生えた指で母親の毛につかまりながら産出孔から体外子宮とも呼ばれる育児嚢の入り口まで、腹部を伝わって入っていくそうだ。しかし人間は無力な姿で生まれてきて、成長に長い時間がかかる。

またパンダの母親は、自分の体重の千分の一ほどの赤ん坊を宝物を扱うように慎重にゆっくりと自信に満ちた態度で世話をし、一日中舐めて過ごす。これによって子どもへの原信頼が育成されるのだそうだ（中川志郎　一九九〇年、四七〜五三頁）。一方、人間の女児は、強くなければ生きられない。ユダヤ系アメリカ人作家、アドリエンヌ・リッチは、父権社会の中で母は息子に愛情を注ぎ女の子は母なしで育つという。

メキシコの女性画家、フリーダ・カーロ（一九〇七〜一九四一年）が描いた油絵に、乳の雨が降っている作品がある。その「乳母と私、あるいは、乳を吸う私」（一九三七年）は、生涯、痛みと棘のある絵を描き続けた彼女自身が、ここでは赤ん坊になって黒い地母神の豊かな乳房を含んでいる。そして空からも乳の雨が降っているあたたかい絵だ。

彼女は、一八歳の時バスの衝突事故で背骨を切断し、手術をくり返し、ギブスコルセットをつけ、苦痛の生涯を送った。後に結婚したメキシコの国民的画家、ディエゴとの子どもを、骨盤発育不全のため三度堕胎した。そのディエゴが妹と恋愛関係になり、離婚する。この絵は、このころ描かれた。しかし、晩年にまたディエゴと再婚し、彼を赤ん坊にして抱いている絵を描いている。乳の溢れている世界、それはフリーダの還る場所だったのだろう。苦しみの生涯だったが絶筆には「VIVA LA VIDA（生命万歳）」と書かれている。

3　暴力としての女性美

美はその時代、文化の権力がつくり、それは規範となって強い力を持ち始める。美のためとされた人体変工は、女児の命をかけてまでなされてきたし現在も行われている。

中国の「文化」として十世紀近くも行われてきた纏足は、十世紀ごろから一九一五年まで続いた。吉岡郁夫によれば、漢民族の南宋では国粋主義的、女性抑圧的な儒教が流行し、纏足は儒学者によって広められ、当時の印刷技術は、纏足、貞節の習俗普及をすすめ、縁談には何歳で纏足をしたかという挨拶までされるようになったという。纏足をしないと結婚できず、それは美人の欠くべからざる条件であった。纏足の施術が終わると、足の接地面が小さくなり、直立して体を安定させることがむずかしくなる。そこで美しい魅力的な纏足の歩み、金蓮歩ができるように、歩行練習が始まる。纏足は三年かかって完成した。纏足の論文を書いたヨーロッパ医学の大家、ウィルヒョウらが問診した女性は、誰も見ていないと判断したときには、四つ這いになって這った、という（吉岡

一九九四、二四五頁）。

纏足は全身の骨を華奢にし、金蓮歩と呼ばれる歩行が美的効果を生じ、性の効果として肛門挙筋とともに膣も収縮する、という。纏足小足は、三寸金蓮、新月、弓足《きゅうそく》、春筍《しゅんじゅん》などと名指された。漢字を生み出した論理の文化は、纏足作成方法論も多く残している。

まさに女の身体は植民地である。子（中国では男児のみをあらわす）を生む／生まないことの管理はもちろんだが、大地を占める面積も最小単位に「施術」もされた。ヨーロッパの研究者たちは纏足の合併症として組織の萎縮と膿瘍、壊疽、死亡などを報告している。

岡本隆三は、「纏足の効用には『玩蓮』と呼ばれる官能の開発があった」という。そこには聴覚（纏足の足音を聞く）、視覚、嗅覚、触覚などの中にも様々な看（みる）、窺《き》（盗み見る）、視（細かにみる）などがあり、「男の子が科挙にそなえて勉強を始める三歳ぐらいから、女の子はボツボツ纏足に取り掛かり、家に閉じこもる準備をするようになった」（岡本 一九八六、一七頁）と記している。「小脚一双、眼涙一缸」（纏足をするには、かめいっぱいの涙を流さなくてはならない）といわれた。男にとっては性の遊び、女にとっては生存をかけた制度だ。

また現代でも行われているものにアフリカ大陸などで女性が受けている女子割礼、女性外性器切除、陰部封鎖（文化相対主義の立場では女性外性器手術という）などがある。アラン・P・ホスケンの『世界人権問題叢書10　女子割礼　因習に呪縛される女性の性と人権』（ホスケン 一九九三）の訳注で鳥居千代香は、一九九二年には一億一千万人以上に増えていると記している。出血や感染症での死亡女性も多い。割礼の理由は、やはり切除によって清浄な女性の身体になり、結婚可能となるなどとされている。非当事者による女子割礼批判や運動の自文化中心主義的傾向の姿勢に対する批判があるが、女児の身体変工の決定を大人たちがすることへの代理行為こそさらに大きな身体の自己決定の侵害であろう。

纏足は性感昂進のため、性器切除は性感抹消のため、しかしいずれも貞節と美のためとされて美しい言葉で飾られている。女の生が結婚のみにされているところで、それは母から娘に命がけで行われてきた。

女性の人体変工は女の本来の生命力を衰弱させるようになされる。ブラム・ダイクストラは、十九世紀アメリカとイギリスの中産階級女性の病弱信仰について記している。ヴィクトリア時代の夫たちにとって自分の妻の身体的な衰弱は、世間と神にたいして、肉体と精神の汚れなさの証拠であった。十九世紀後期の画家たちは「小康」「不安」「瀕死の母」「昇天」などの画題を付した哀れを誘う病弱な女性のイメージを描くことによって、夫たちが抱く貞淑の感覚にしきりに迎合しようとしていた。それは「女性的魅力の規範として熱心に模倣される」ものであり、「無力な優雅さを維持することを許すだけの資産が夫にある」ということの証左であった。夫の「社会的地位と経済的特権の暗示」は女性にとって病気であることが美や貞節のために必要だった。ダイクストラは、多くの女性が「緩慢な自殺」の趣味を習得する、女性主人公たちは「空気と月光を食べて生きており、人前でものを食べるなどという赦しがたい罪を決して犯さないことになっている」（ダイクス

ストラ 一九九四、六九頁）と十九世紀末アメリカの女性随筆家、アバ・グールド・ウルソン（一八三八～一九二一年）の言葉を援用している（同、六一～六六頁）。

もちろんこれらは、ヨーロッパ近代のコルセットの文化の影響がある。十三世紀半ばごろから十八、十九世紀に頂点に達した女性の体に様々な病を引き起こさせた針金や鯨の骨、鋼鉄の締め付け具とハイヒールだ。それによって女性たちは、骨の変形、内臓、呼吸器、循環器系、生殖器疾患などを患い失神しやすく多くは憂鬱病であった。そして女性は弱く、守られるべき性とされた。十八、九世紀のヨーロッパ女性は、強姦からの防御のために、コルセットの上に四・五～十三・七キロの衣服を身に着けた。それは貞節のしるしでコルセットをしない女性はみだらと見られた（吉岡 一九九四、三五頁）。コルセットはまたそうして衰弱した体を支える医療器具ともなった。

このような変工は健康な女性の身体を制度により障害にし、それを美、貞節、結婚の条件としてきた。美の制度もまさに暴力だ。

これらの女性美の価値はアメリカ中産階級に育ったニキも学んだものだったし、モデル時代にはその価値を体現していた。西欧近代を受容した日本の女性にも西洋白人を頂点とした美の価値観や痩せ願望文化がある。

男性の性について生命学の森岡正博は「男の不感症」と率直に記している。彼の記述からは、女性への人体変工や男尊女卑制度を、男性のこのような欲望を隠蔽、投射し防衛する装置にも読むことができる。彼は次のように言う。射精について、それが至福の体験だという神話を長い間男性は刷り込まれる。しかしそれは「排泄の快感」（森岡 二〇〇三、二九頁）であり、そのあと「空虚な感じ」「ざらざらとした砂漠にひとり取り残された気分」になる。不感症という言葉は女のものとして語られてきたが、これが男の不感症（同、三六頁）だという。

そして男たちは「男性向けのポルノグラフィ」によって、女たちが持つとされる「快感や充足感」などから女性に対し「二重の見方をするようになる」という。劣等感と、「女は性的快感にのみ生きる非理知的生き物であるという『女性蔑視』である」と。そのため女子高校生コンクリート詰め殺人事件では、レイプのあと「性器に想像を絶する暴力をくり返し加えている」ことや、戦場での女性器に対する加害は、「感じる器官である女性器に対する憎悪」（同、五三頁）であるという。そこで罰として女の意志に反しての性行為や強姦などがポルノグラフィでくり返し描かれるのだと。しかし好きな人とセックスするときには、射精の後の空虚感を、相手の女を好きだと思う気持ちによって精神的に埋め合わせることができる（同、三四頁）。そして「男の不感症」の解決策として「優しさへと開かれる不感症へ」として次のようなことを提案している。不感症である男が自分の不感症を堂々と認めてしまえば「その男は『感じない男』から脱出するチャンスをつかむ」のだ。そして「射精したあとの墜落感や疎外感を味わいながらも、優しい気持ちが心に広がり、人間や世界をいつくしみたくなること。私が求めているのはそのようなことだと思う」（同、一六六～一六七頁）という。

女性学があらわれて男性も普遍から相対的性が自覚され、男性学があらわれた。「女は才なきが幸」などと無知や私性《わたくしせい》の場のみにとどめられていたなら、女は真のバランスあるパートナーとはなりえない。男性が等身大の自己を認めれば、たがいに主体性と共感をもった男と女は真のパートナーとなり、対等で孤独な人間同士が橋を渡しあう「異性愛文化」も（非異性愛文化も）作り出されるだろう。

4　再びきれいとは

やはり人間は文化で作られる。作られるのであれば誰も抑圧せず、抹消しない文化も作り出せるだろう。言語を習得してこの象徴界に参入することによって人の営みをするのであるから、「私」になることは他者の文化・言語を取り入れることだ。美や醜によって女たち（男たちも）は呪縛されてきた。女の規範は必ず美徳として価値付けられた。魔女や女子割礼のように時には恐怖として俗信が作られていった。

それぞれの人間が生かされていく「きれい」な文化を作り出すのは一人ひとりの人間たちであろう。いま日本は市場主義のもとに性の欲望と消費を促され続けている。

これまで日本は、女という概念を主に中国大陸や西欧父権文化から取り入れ、支配階級の制度にしてきた。かつては大陸文化から儒教、仏教の女三従の教え、女身不浄などを、明治以後は西欧キリスト教文化から、聖性と魔性の二元論を、キリスト教の禁欲的性倫理とロマンティックラブ・イデオロギーによって結婚と売春が制度化され、純潔や貞女が女性の美徳となった。近代文学の出発とされている田山花袋『蒲団』には処女という概念が登場し称揚されている。これは資本主義社会勃興期の抑圧制度として機能させるための、経済競争と、女性の聖性の侵犯という欲望を男性に掻き立てさせるための装置として働く。ジョルジュ・バタイユの言う抑圧的エロスの構築であった。

一八七六年（明治九年）ゼームス・アストンの、『造化機論』が翻訳出版され、はじめて処女膜の存在が図示された。処女＝純潔という観念に物理的な根拠が与えられた（関井 一九九五、八九頁）。西欧近代中産階級の女の美徳とされた性的無知も日本女性に内面化され、高度経済成長が終わり、バブルに入るころまで女性を縛った。

女性解放運動が起こってから四〇年弱、バックラッシュのなかで二〇〇七年、ミス・ユニバースに日本代表が選ばれた。彼女は高いヒールを履き続け緊張感がもてたとくりかえしている。「国際婦人年をきっかけとして行動する女たちの会」が東京都のミス・コンテストに反対したのは、一九九〇年だった。東京都知事をはじめダークスーツを着た男たちの前で「未婚」の水着の女性たちが、三サイズを発表することなどの性の商品化に疑義を唱えた（行動する会記録集編集委員会 一九九九、xxvi頁）。あのような高いヒール靴は、竹馬や玉乗りの曲芸に近い。

纏足とハイヒールとの関係について岡本隆三は、次のようなエピソードを述べている。ロンドン繁華街の一つ、トラファルガー・スクェアで二一歳のバーバラ・ロックウッドが倒れ死亡した。後に名医の一人、整形外科専門のレジナルド・ペイン博士が「バーバラ嬢殺害の犯人は、彼女のはいていたハイヒールだった」と次のような診断を発表した。「ハイヒールは、現代婦人に恐るべき害毒を与えている。まず、ハイヒールをはくとそのかかとを非常に刺激する。異常刺激である。そればかりか、かかとからひざ、そして腰骨、背骨、首、頭脳と絶えず振動を伝え、脳髄は衝撃をうけつづける。脳中枢はこの衝撃を防ぐため、体の他の部分に異常体位をとらせることによって抵抗する。ふつう抵抗は、足のつま先、上下肢の筋肉、腰の筋肉などによって行われる。時には、その一カ所だけで行われるが、その部分の異常体位のため、やがてその個所は激痛を起こすのである。この激痛が全身に及ぶと、早くも抵抗は限界線にくる。この限界をこえると、気が遠くなるような感覚から、卒倒することさえある。そのさい、強度のものは骨髄と脳髄が冒されて死にいたる。こうした例は年々ふえるが、死にいたらないまでも、長期にわたり、婦人は全身疲労、老化が促進されることはいうまでもなく、しかも異常刺戟のため全身の骨膜が冒され、これが原因となってみずからの死を早めている」と。バーバラ嬢の場合は、当日、朝から晩まで、約十二時間連続ハイヒールをはいていて、友人に足の激痛を訴えたが、どこか休むところにも行けなかったのが死の原因とされている、と(岡本 一九六三、二一〇頁)。

一九〇二年には、西太后が纏足禁止令を出し、天足、自然足が流行となった。しかし放足(纏足を解くこと)は纏足施術に勝る苦痛でハイヒールに履きかえた(同、一九六頁)。「纏足は『性具』のような魔力を持っていたから」(同、一八二頁)不纏足運動は困難であった。夫の要望で重纏するものもあったという。纏足文化は、古代から気の流れを極めて足裏の経絡の壺などを熟知していた中国文化の習慣であった。

このとき魯迅は、殉葬や貞女を価値付ける礼教の主節思想を批判し女性の経済的自立の必要性を説いている。そして「かならず地位が同等になって、はじめて真の女と男とが生まれ、はじめて嘆息と苦痛を消すことができる。社会を解放することは、とりも直さず自分を解放することである」（同、一九四頁）と記している。

二一世紀の「きれい」は命の感受性を研ぎ澄ませて、自然との共生のなかでそれぞれの人が、その人らしく自由な生存の選択、表現ができるような社会・文化であるような方向が、人間をはじめ生き物たちがすまう地球とともに生き延びるためにも必要だ。

参考文献

明石一紀「きょうだい・配偶者の名称」、総合女性歴史研究会編『日本女性の歴史——性・愛・家族』角川選書225、一九九二年

生駒孝彰『神々のフェミニズム』荒地出版社、一九九四年

上野千鶴子「存在する権利」、『現代美術　第16巻　ニキ・ド・サン・ファール』講談社、一九九四年

ウォーカー、バーバラ（山下主一郎他訳）『神話・伝承事典——失われた女神たちの復権』大修館書店、一九八八年

エーレンライク、バーバラ／イングリシュ、ディアドリー（長瀬久子訳）『魔女・産婆・看護婦——女性医療家の歴史』法政大学出版局、一九九六年

大塚ひかり『源氏物語の身体測定』三交社、一九九四年

岡部あおみ「作品解説」、『現代美術　第16巻　ニキ・ド・サン・ファール』講談社、一九九四年
岡本隆三『纏足物語』弘文堂、一九六三年（東方書店、一九八六年）
笠原美智子「ジェンダー——記憶の淵から」、『ジェンダー——記憶の淵から Gender beyond Memory：The Works of Contemporary Women Artists』東京都写真美術館、一九九六年
加納喜光『漢字の成立ち辞典』東京堂出版、一九九八年
行動する会記録集編集委員会編『行動する女たちが拓いた道——メキシコからニューヨークへ』未来社、一九九九年
シング、J・A・L（中野善達・清水知子訳）『野生児の記録　1　狼に育てられた子　カマラとアマラの養育日記』福村出版、一九七九年
関口裕子「女の強さと美しさ」、関口裕子総合女性歴史研究会編『日本女性の歴史　文化と思想』角川選書、一九九三年
関井光男「性愛と生命のエクリチュール」、鈴木貞美編『大正生命主義と現代』河出書房新社、一九九五年
ダイクストラ、ブラム（富士川義之・藤巻明・松村伸一・北沢格・鵜飼信光共訳）『倒錯の偶像——世紀末幻想としての女性悪』パピルス、一九九四年
中川志郎『何故動物は子供をなめるのか』主婦の友社、一九九〇年（『動物は子どもをこんなに可愛がる』、講談社α文庫、一九九七年）
埴原和郎『新しい人類進化学』講談社、一九八四年
バリー、キャサリン（田中和子訳）『性の植民地——女の性は奪われている』時事通信社、一九八四年
フリーダン、ベティ（三浦冨美子訳）『新しい女性の創造』大和書房、一九六五年

フロイト、ジークムント『フロイト著作集　第六巻』人文書院、一九七〇年
ホスケン、アラン・P（鳥居千代香訳）『世界人権問題叢書10　女子割礼　因習に呪縛される女性の性と人権』明石書店、一九九三年
宮田登『ヒメの民俗学』青土社、一九九三年
森岡正博「男の不感症」、日本女性学会学会誌10号編集委員会『女性学 Vol. 10　特集 ポルノグラフィの言説をめぐって』、二〇〇三年（『感じない男』ちくま新書、二〇〇五年）
吉岡郁夫『身体の文化人類学――身体変工と食人』雄山閣、一九九四年
吉田敦彦、古川のり子『日本の神話伝説』青土社、一九九六年

第四章　東洋の美　西洋の美

舞踊の比較文化

佐々木涼子

1　舞踊の美

姿形の美しさということを考えるとき、舞踊を思い浮かべる人は少なくないだろう。娯楽的、健康的、宗教的など、舞踊が持つ機能や役割は様々であるにしても、踊っている姿は美しいということ、少なくとも踊るという行為には美しくあろうとする志向が内在している（ことが多い）という事実は否定できない。舞踊は身体の美しさと切り離すことができないのである。

踊りを見ている者の心理を考えてみよう。踊りが上手であるとき、人はその踊り手そのものを美しいと感じるのが常である。踊りの上手下手を考えるより先に、まずは美しさとして感じるのだ。

美しさに感動して、それで満足して終わることもあるし、「美しい、故に上手だ」と次の段階の〝評価〟に進むこともある。

また、踊りがとても上手だと、はじめはそれほどにも思わなかったのに、踊りが進むうちに次第にその人の美しさが増していくように感じられるものでもある。そして最後は「美しい人だ」と見るようになる。

いずれにしても、美しさを目指すものであるがゆえに、舞踊を行うのは美しい人であるべきだと、人はふつう思うものなのである。しかし、じつはそう思うのは正しくない。少なくとも、不完全である。そこで逆の場合を考えてみよう。

踊り始める前に美しく見えた人の踊りが下手だったとする。その場合、その人の美しさはまるで粗悪な彫刻のようにボロボロと崩れてしまう。その時は、直前に「美しい人だ」という判断があったせいで、「醜い」とはならず、「踊りが下手だ」という結論になる。

要するに踊りというのは、上手であれば人の美しさにじかに結びつき、下手なときだけ正確な評価につながるのである。これは奇妙なことだ。というのも、「踊りの美」と「人の美」を混同しているからである。どうしてこのようなことが起こるのだろうか。問題はおそらく、人が舞踊というものの本質を正しく把握していないために生じる錯誤にある。

そこでまず、「美しく見える踊り」の「美しさ」とはどのようなものなのか、具体的に「踊り」のなかに立ち入って検討してみることにしよう。

(1) 踊り手にとっての踊るとは…

そもそも踊るとは、踊り手自身にとってはどのような行為だろうか？ 自分の体の動きで、外部の観客に向けて、何かを発信することである。観客のいないこともあるが、ここでは「美しさ」という外部からの評価と関連させて考えているので、観客の反応を考慮に入れるべきだろう。また事実、観客がいないときも踊り手の頭の中には観客が仮想されていて、その立場に立って自分自身を外から見ている場合が殆どである。

さて、そのような踊り手にとって、まず自分の体は意図的に形づくることの可能な、あるいは形づくるべき、素材である。極論すれば、彫刻家にとっての粘土のようなものだ。それというのも人の体というのは、ふつう考えるよりもはるかに可塑的、つまり伸縮自在で変形自在なものだからである。背筋を伸ばすとか、姿勢をよくするとか、よく言われるが、たったそれだけでどれほど姿が変わるか、誰でも経験のあるところだろう。踊り手は、そうした体の可塑性を最大限に利用する人なのである。これ以上は無理、これ以上は痛い、という筋肉をもみほぐし、練って、引き伸ばす。彫刻家が力を込めて粘土をこねるのと、それは似たような作業である。

たしかに人体の基本構造はすでに決定しているから、粘土に比べれば微細な変形であるかもしれない。しかし人の視覚にもまた大きな弱点があって、小さなことでしっかり錯覚してしまうものなのである。

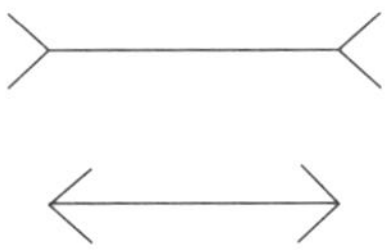

図の線分は、どちらも同じ長さで同じ大きさの羽根がついているが、羽根が外向きについているか内向きについているかの違いだけで、線分の長さも違って感じられる。こうした眼の錯覚を利用して、工夫怠りない舞踊家は自分の体の寸法＝プロポーションを変えて見せるのである。人間の体の四肢の配置や実寸などというものはそれほど大差ないので、ほんの僅かな違いが大きな錯覚をもたらすことになる。

舞踊にはまた難しい技術がつきものだ。常人にはできない技をやって見せ、驚嘆させることも舞踊の働きの一つである。それらを難なく滑らかにこなすことからも、ある種の美は生まれる。その場合は、舞踊家にとっての身体は、例えば器楽を演奏する音楽家にとっての楽器と似たものになる。扱いに慣れること、使いこなすこと、そのために訓練を繰り返すこと、これが舞踊家の日常的行為である。そのとき、踊り手は自らの体を、まずは意のままにならぬ物体として、やっかいな異物として感じることになる。それを少しずつ使いこなしていくことが、すなわち踊りの練習なのだ。真剣に踊りに立ち向かうとき、この段階は無くて済まされない。

素材と感じるにせよ、はたまた道具と見るにせよ、重要なのは、踊り手が自身の身体を客体として、客観的に捉えているということである。この客観性は、踊りの上手下手とは必ずしも一致しないが、しかし修練の途中で出会わずにはおかない格別な自己認識の方式として注目に値する。

さてそのような段階を乗り越えて、一つの舞踊作品を演ずることができたとしよう。それは言わば自分の身体を以て作り上げた芸術作品である。そのとき舞踊家は自らの踊り＝作品を、あたかも詩人が自らの詩を思うように、また作家が自分の小説を思うように、つまり〝成果〟として感じるのではないだろうか。それは自分が作り上げたものだが、ある意味で自分の外にあり、しかもその作品の実体はどこかで自分自身とつながっており、自分の中の最良の部分なのである。

（2）観客にとっての舞踊の美

それでは、今度は視点を転じて、観客にとって舞踊の美とは具体的に、また客観的にどういうものなのか、考えてみよう。

舞踊は何よりも眼に映るものである。見えない舞踊はありえない。したがって、舞踊の美は第一に視覚的、造形的なものだと言うことができるだろう。舞踊を「きれいだ」と評することが多いのも、この視覚的な性質の重要性から来ている。

だが、先にも述べたように、舞踊は視覚的錯覚を利用するものである。舞踊の美は、踊り手の生身の美しさ、素の美とは別のものなのだ。いってみれば舞踊とは、〝身体が空間に描く幻影〟を楽しむもの。いかに〝幻〟を生み出すか、それが舞踊の技術なのである。

しかし舞踊は視覚だけからなるものではない。視覚と同じくらい舞踊に欠かせないのが音楽性という要素である。舞踊は音楽に伴奏される場合が殆どだし、音楽がない場合でも、無音のなかに隠れたリズムとして存在するのが常である。そして音楽と見事に共振、共鳴するとき、舞踊は観る者に大きな歓びをもたらす。しかし、観る者のほうでは音楽性から得たその歓びを「美しさ」として感じることが多い。それも音楽的な美しさではなく、視覚的な美しさのプラス・アルファとして「美しい」と感じるのである。ここにもまた、〝きれいな〟舞踊の「美」につながる錯覚、〝幻〟の一つが存在する。

加えて舞踊は素の（もしくは、それと見まごう）身体の美しさだけで感動させるのではない。それと同時に機能の美も併せ持っている。先に舞踊家は自分の体を楽器か道具のように考え、それを思いのままに操作する努力をすると述べたが、その結果、常人にはできない難技、例えば鮮やかな跳躍や、目覚ましい回転、巧みなリフト（バレエなどで男性舞踊手が女性舞踊手を頭上高く持ち上げること）が可能になったとする。それに対して観客が「ブラボー！」と叫んだとすれば、「美」という要素よりも、ふつうはなしえないことができるという機能、もしくは技能が呼び起こした感動だということができるだろう。精巧な機械や道具に対して感動するのと紙一重の反応である。

この意味で舞踊、特に難技の見せ場が多いバレエは、しばしばオリンピックの競技や曲芸と変わらないと言われる。しかし、機能に先行する美が存在しなければ、それは舞踊の名に値しない。舞踊においては、技術が「美」に変換する。観点を変えて言うならば、舞踊の「美」は技術や機能がもたらす感動をも含んでいるのである。

さらに、舞踊が演劇性を帯び、ストーリーや人物像などといった要素をも含むとき、そのストーリー展開に引き込まれる感じや、登場人物に対する共感、つまりは小説を読むときと似たような感動が、その舞踊作品の評価に大きく寄与する。その場合も観客は、もっぱら伝達手段であるダンサーの〝身体を〟〝目で〟追っているために、その評価を「美しい」ということばで表すことがある。

（3）舞踊と総合演劇

このように舞踊の「美」とは、踊り手の体の動きだけを考えた時にも、美術的、音楽的、機能的、文学的と、きわめて複合的であり、かつ錯覚に満ちたものなのだが、しかし舞踊の複合的性格はそれだけに止まらない。さらに他の芸術ジャンルと共同して総合芸術を生み出す傾向をもっている。

古来、完成度の高い舞踊作品は、舞踊の他に様々な要素を併せ持っていたことが知られている。ギリシャ悲劇、京劇、フランスの宮廷バレエなど、すべてそれに当てはまる総合演劇だった。そこでそれら古典芸能のうちから日本でもよく知られている歌舞伎とバレエを例にとって、その諸芸術の融合の様相を見ることにしよう。

一番わかりやすいのは、日本の歌舞伎だろう。例えば『仮名手本忠臣蔵』という人気演目は、大序から大詰めまでぜんぶで全十一段という大掛かりな構成だが、音楽、芝居、舞踊がそれぞれ独立性を発揮しつつ、見事に融合している総合演劇である。もっぱら台詞による演劇的な場面もあれば、台詞のない舞踊だけの段もある。中で人気の高い演目、例えば六段目『旅路の花婿（お軽勘平）』や八段目『旅路の嫁入り』などは、現在でもそこだけ切り離して上演されることも少なくない舞踊作品である。

また、最初のバレエと考えられる宮廷バレエにおいても、それを支える最も重要な理念は諸芸術の融合であった。[1]諸芸術とは、美術、音楽、文学（詩）、舞踊の四ジャンルを指している。この理念はフランスの国家統一を目指す絶対王政の政治的野心と軌を一にするものであっただけに、なおさら強く主張されたという事情があるが、じっさい一つのバレエ作品では、天空から山野までを描き出した壮大な美術（装置）の中で、歌や器楽演奏、台詞によって、ギリシャ神話などを主題にした物語が展開したのだった。そして十八世紀に市中に出てからは、ちょうど現在の歌舞伎やガラ、もしくはバレエ・コンサートに見られると同じように、長大な全幕物から人気の高い部分を小品とし、それらを寄せ集めて上演する形態が取られていたようである。

舞踊における総合芸術性は、古典芸能だけに見られる特性ではなく、二〇世紀においても、ベジャールやピナ・バウシュといった〝独創的〟演出振付家によって試みられている。特にバウシュが自らの作品を「タンツ・テアター（ドイツ語でダンス演劇）」と呼んでいるのは意味深いことだ。

彼らが演出する作品には、時に歌や台詞が入り、きわめて演劇性の高い場面もあるが、しかし全幕通じて厳密なストーリーを追っていることは少なく、むしろ作品全体を一つの主題で緩やかにまとめ上げ、その主題に関連する場面が前後の緊密な脈絡なく相次ぐといった構成になっていて、手法は宮廷バレエに非常に似ている。また舞台美術できわめて大掛かりな装置や仕掛けを用いるのも、宮廷バレエを思わせずにいない。しかし一般的な評価としては、これら二〇世紀の演出振付家の試みは、復古的とは見なされず、むしろ独創的、先駆的な試みと取られている。これは十九世紀から二〇世紀にかけて、世界の舞踊が純粋舞踊化して、物語性や過度な美術装飾を排除する傾向にあったことへの揺り戻しとも考えられるからであろう。

こうした総合演劇的な作品においては、純化された舞踊の美は、より広い感動の枠組みの中に溶け込んで、それ自体として評価されることは少なくなる。

このように舞踊の美というのは、内部的にもまた外部とのかかわりにおいても非常に複雑で、多くの要素を含んでいるものなのである。

(4) 様々な舞踊があり、様々な美がある

世の中にはじつに様々な種類の舞踊が存在している。舞踊の種類のことを、芸術の分野を指すのと同じことばでジャンルと言うことがあるが、現代の日本を例にとって言うと、そのジャンルは大きくわけて外国、わけても西洋に起源を持つ洋舞、日本が起源の邦舞という二種類になる。分類するだけで、すでにその立ち位置が明確にされるわけだが、その洋舞も伝統的で古いバレエ、同じく古い民族舞踊、近代に始まるモダン・ダンス、現代性を標榜するコンテンポラリー・ダンスと分けることができる。

また日本の踊りにも、いわゆる日本舞踊の主流である歌舞伎舞踊と、関西に根ざした地唄舞、民踊、昭和六〇年代に発生した舞踏などがある。

それに加えて諸外国の踊り、中国、韓国、インドの踊り、ジャワ舞踊、日本では誤ってフラメン

（2）コと総称されているスペイン舞踊、全世界的に愛好者のいるスコティッシュ・ダンスなどがあり、もっと細かく言えば、アフリカやオーストラリアのアボリジニ、アメリカ原住民など、各地の民族舞踊が無数に存在している。比較的新しいところではジャズ・ダンス、ストリート・ダンスがあり、その後からもサルサ、パラパラなど、どんどん新しいダンスが生まれている。

その中で知っている幾つかを思い浮かべてみればわかると思うのだが、それらのダンスは体の動かし方の基本も、難しいとされるテクニックも、また上手下手をわける基準も、じつに様々だ。まして や美しさの根拠となると、何を以て美としているのか、まずはそれを学ぶのに幾ばくかの修練が必要なほどである。

そこで、美の問題に立ち入るまえに、なぜこのように様々な舞踊が生まれてくるのか、そのことについて考えてみよう。

第一に言えることは、それぞれの舞踊が生まれた地域の風土の違いである。風土が違えば生活手段が異なり、生活様式が変わる。昔からさんざん言われてきたことなので、今更の感もあるが、農耕民族には農耕が育てた身体があり、その身体の特性、体型や強度がある。先にも述べたように古来、舞踊は神事や祭りと結びついていることが多く、農耕民族であれば、耕作する土地が豊穣になり、そこから多くの実りがもたらされるように祈る心が神事や祭りに、また舞踊の動きにつながる。日常的に農耕という生産活動で鍛えた身体の特性が、共同体の中の誰にもわかるように表現され、その根幹の上に音楽性、造形性、機能性が加わり、歴代の名手によって磨かれた〝芸〟が成立するのである。技術でもあれば芸術でもある〝芸〟というものが成立し、そこに感動が生まれ、共同体によってその感動が共有されたとき初めて、ある踊りのジャンルの〝美〟を論じることが可能になる。

そのようにして形成される舞踊とその固有の美が、風土や生計手段、生活様式、そしておそらくはそれらと深い関係にある宗教によって異なるのは当然のことである。農耕民族には農耕民族の、遊牧民族には遊牧民族の、狩猟民族には狩猟民族の踊りがあり、それぞれが固有の、部外者にはいまひとつ理解しがたい美を内包している。そのようにして、これまたよく言われてきたことだが、腰を低く据え床を踏みしめる日本舞踊は農耕民族独特のもの、風に乗って舞うワルツは騎馬民族ならではのステップとして形成されたと考えられる。

部外者には理解しがたいと言ったが、高度な芸術となるまでに磨かれた踊りには、音楽性（特にリズム感）や、造形性（とくにバランス感覚）、機能性（無理のない整合性のある動き）などといった普遍的な要素があって、それによって外部の人間からも鑑賞され評価されうるものになっていることも事実である。ほんとうに良い踊りは素人が見てもわかる、としばしば言われるのは、この普遍的な要素によるものなのだ。

(5) それぞれのエロティスム

舞踊の美と隣接している問題として、エロティスムがある。

人間は動物の一種であるから、身体の動きに起因する感動もしくは情動は、好むと好まざるとにかかわらず、動物にとって本源的な性衝動と無関係ではない。後に詳しく述べるように、〝美〟と〝魅力〟は必ずしも同じものではないが、しかし相互に深くかかわっていて、〝美〟はより許容度の高い〝魅力〟に影響されずにはいない。そして身体から生み出される〝魅力〟は、ほとんど必然的に性的衝動に結びついていると言っていい。

ふつう舞踊が洗練されているというのは、先に述べた様々な客観的な美的特性とともに、表層的な荒削りのエロティスムが研磨されていることを指すことが多いが、逆にいえば、それほどにも舞踊においてエロティスムの占める役割や意味は大きいということになるだろう。

一般的な前提として言えるのは、身体のエロティックな部分は恥として隠すのが文明社会の表向きの通則である。見てはいけない、見せるのは恥ずかしいという禁忌があると、見る機会は稀になり、それゆえ、見ることで気持ちがそそられる度合いが強くなる。しかし、見てもかまわないとされ、従って見ることが何ら珍しくないものに対しては、慣れから動じなくなるものだ。

ところが、この禁忌は必ずしも普遍的なもの、全人類に共通のものではないのである。非常に限定された局所についてはあまり異論がなく、普遍的と言えるかもしれないが、それ以外の、微妙にエロティックとされる部分については、地域や共同体ごとに了解や約束事が異なっているのだ。

またエロティックと認定されても、それを見せる度合いにデリケートな配慮が加えられると、エロティスムは剥き出しのものでなく、公認された魅力となって、文化的洗練を経た〝風習〟となり、禁忌である度合いが減ったぶん、現実にはエロティックな喚起力のないものとなる場合もある。

つまり、まことに面白いことだが、たとえ当初エロティックと見られたものも、多少の禁忌を犯しつつ敢えて人目に晒していると、やがて見る目のほうで慣れてきて、少しもエロティックに感じなくなるのだが、そのようにして人目に触れる機会が多くなることによって、おそらくは相互の学習や競争意識も働き、客観的にはますます洗練され、美しくなるという傾向がある。

例えば、西洋では女性の胸は多少エロティックであるがゆえに魅力的なものと見なされていた。詩にうたわれることも多く、絵画に描かれることも珍しくなかった。時代が下るにつれて、女性の正装は胸を大きく開けたデコルテになる。しかし、それと同時にいつしか胸を見ること、見せることの禁忌は消滅し、いまや西洋の女性の胸は客観的にはたいそう美しいが、もはやエロティックでなくなったと言えるのではないだろうか。

エロスも魅力も美も、要は感じ方であって、その感じ方が習慣によって変質していくのである。ある中国女性に聞いたことだが、中国ではうなじを大変エロティックだと感じるのだそうだ。たしかに、中国の服装は伝統的に首を露出しない。なぜなのか、その原因は措くとして、隠して人目に触れさせず、外からは見ることもない状態がつづいているうちに、うなじはますますエロティックに感じられるようになったであろうことは想像に難くない。件の中国女性によれば、和装の日本女性が抜き衣紋と称して首を露出しているのは、見ていてとても恥ずかしいそうだ。だが、そのように秘めて隠している部分は、美しくなる契機を奪われているとも言えるのである。

では、臆面もなく人目にうなじを晒している日本女性の伝統的エロティスムは、何なのだろう。女性のエロティスムとは、女性が見せることを恥ずかしがる部分、そして男性が見て性的情動を覚える部分はどこか、ということである。おそらく足ではないだろうか。よく知られている伝説、川で洗濯している若い女の脛を見た久米仙人が神通力を失って空から落ちたというような話は、おそらく日本でしかありえない。

ギリシャの流れを汲む西洋文化は（中世から十八世紀は例外として）女性の足を見慣れているし、中国の女性服も足の横に長いスリットを入れて、足の肌を見せることがある。だが日本では、女性の足を見る機会がほとんどなかった。ゆえに現代でも、バレエダンサーなどを見る限り、日本女性の足は誇るに足る美しさに達していない。その反面、日本女性の首筋の美しさはほとんど比類がない。無防備でもないが、萎縮してもいない。伝え聞いたところでは、ある世界的なバレエ振付家が、日本人の女性ダンサーは他のどの国のバレリーナにもない美しさを持っている、それは首筋と肩だと言ったそうだが、たぶん本当のことだと思う。だが日本人のファンや観客は、そのことに気づいていない。見慣れているからである。それでいて、日本人は足のコンプレックスでがんじがらめになっている。

日本語ですらりと美しい女性の魅力を表す言い方として「小股の切れ上がった」という表現がある。この小股が何を指しているか、諸説あって、日本髪の後ろ首の生え際という説もあるが、辞書で一般的な解釈は足と腰つきに関するものである。良くも悪くも、日本女性にとって問題は足と腰にあるようだ。

2　舞踊の地理的比較

(1)　バレエと日本舞踊の比較

踊りがきれいに見えるというのはどういうことなのか、以上、舞踊の美について原則的なことを述べてみた。世界中に様々な種類の舞踊があり、それぞれの美しさの根拠は異なっているが、そのどのダンスについても、上に述べた原則は当てはまるはずである。

その同じ原則をふまえた上で、それぞれの舞踊の規範、つまり動きのルールがどのように違っているか、具体的に見ていきたい。

例として、バレエと日本舞踊の二つを取り上げよう。理由はバレエが西洋発祥の踊りでありながら今や全世界に広がっていて、日本でもその実態を身近に体験しやすいこと。一方、日本舞踊はといえば、他ならぬ日本固有の舞踊であって、世界のどの踊りとも異なる特性を持っているだけでなく、日本人の一般的な生活習慣や身体の美意識と深く結びついているために、理解が深く及ぶと期待されるからである。

またどちらも古典舞踊、すなわち伝統によって検証された確固たる内部規範を持っているという点でも比較が可能だということも大きな理由だ。舞踊のなかには、どうするべきか、どうであってはいけないか、という原則が確立していないもののほうが多い。古典舞踊の古典とはつまり典拠であって、動きに関する膨大な法体系だと考えることができる。

(2) 〝真っ直ぐ〟ということ

さて、バレエと日本舞踊に共通する重要な原則の第一が、〝真っ直ぐ〟(バレエ用語のフランス語では à plomb「垂直に」)の基本姿勢である。動く前に、まず〝真っ直ぐ〟に立つことがとても大切なのである。これは前段で述べた舞踊の機能美にもかかわるもので、例えば置物でもバランスが悪いと倒れやすくなる、軸が真っ直ぐでなければ歯車もうまく回らないのと同様、道具が持つ性能の問題だと考えればわかり易い。

具体的には、バレエでは胸も尻も中心に向けて強く引っ込め(そのためには足を外に強く開く必要がある)、ほぼ横一直線になることを旨とするが、日本舞踊では自然体よりももっと胸を前に出し、お尻を後ろに引いて、その前後のバランスの上に〝真っ直ぐ〟な軸を想定する。実際問題として、人間の体には大小の凸凹があるから、一本の棒になることは不可能なのだが、頭の頂点から足の裏の中心に届く軸を想定して、その周辺に体の部分を理想的なバランスで置き、その〝構え〟を体得することが基本その一となることはバレエも日本舞踊もまったく同じである。

こうしてどちらの舞踊も〝真っ直ぐ〟を標榜しつつ、じつは〝真っ直ぐ〟に立つために用いられる筋肉が、舞踊によってまったく違うという結果になる。そして、そのとき使われている筋肉、つまり緊張させているポイントに意識を置いて、それをつなぐようにして、体全体の仮想的略図が出来上がる。

(3)「肩」と「腰」

その結果、体の部分を示すもっとも平凡な言葉さえ、その意味するところがバレエと日本舞踊ではまったくちがうものになる。

例えば「腰」。バレエでは腰骨の先端を重要なポイントと考える。踊りながら自分の体全体をイメージするときに、そのポイントを意識から外すことはまずない。

それに対して、日本舞踊の「腰」は股の付け根である。バレエ、あるいは洋装の女性の「腰」つまりウエストは、和装では帯に覆われていていずれとも定めがたいが、その代わり腿の付け根をしっかり固定して体の構えを作らないと、独特のどっしりとした安定感がでない。同じ「腰」も意味することがまったくちがうのである。だから、日本舞踊ではよく「腰を使って足を上げよ」と言うが、バレリーナがこれを聞いたら、何のことやら、わけがわからないだろう。

同様に、「肩」と言うときもも、その指すところは違っている。バレエの「肩」は肩先の尖った角のところで、これを上手に使うと、なんとも小気味の良いシャープな魅力がでる。ところが日本舞踊はと言えば、原則として肩先はできるだけ目立たないようにする。それもそのはずで、日本の着物は首から手首まで一直線になっていて、その途中に模様があったりするから、肩先はむしろ邪魔で、目立たないようにするほうがきれいなのである。日本の「肩」は俗に「肩が凝る」というときの首の筋肉で、着物のきれいな胸元は、ここをしっかりと後ろに引くことで出来上がる。その証拠に、日本で「肩をすくめる（＝縮める）」ことをフランス語では「肩を上げる hausser les épaules」という。鏡に向かって実演してみれば一目瞭然、上がっているところがフランスの肩、すくんで（縮んで）いるのが日本の肩である。

（4）理想の体型　理想の境地

そのように、同じ五体であっても細かいところで異なっているバレエ的身体と日本舞踊的身体は、理想とする体型がまったく違ってくる。バレエでは小さな頭部に長い四肢が放射状に広がっているのを美しいとする。全身の重心、すなわち動きの中心点はみぞおちにあるが、見る側の視覚は、体＝動きが重心から出ているように見えるために、結果として脚が実寸よりも長く見える。それに反して日本舞踊は、臍の少し下の丹田《たんでん》といわれる箇所が重心、動きの支点になる。バレエの場合も日本舞踊の場合も、重心は体のなかで一番動かない部分であるのは同じだ。しかし動きが丹田から発している（ように見える）と、脚は実寸よりも短く見えてしまう。日本舞踊では、この脚の短さが貴重な美点になる。

身体の理想がそのように異なるバレエと日本舞踊では、舞踊によってもたらされる理想の境地が異なっているのもまた当然と言わねばならない。ロマンティック期以降のバレエ、すなわち現在クラシック・バレエと総称されている舞踊では、宙を舞う精霊さながら、脚が床についていないかのように見えることをよしとする。音楽の点でも、動きが音を生むように踊るのがいい踊りであって、音に遅れるのは許されないことである。

一方、日本舞踊では、体がどっしりと床＝地に根を生やしたような姿、謂うところの盤石の構えがいい。舞踊とは関係ない日常的な表現に「板につく」という言い方があるが、板とはつまり舞台の床のこと。床にぴたりと張りついているような佇まいの、その安定感を貴しとするのである。音曲に対しても、踊りと音曲の種類によるものの、荘重な部分では音に引き摺られるように、やや遅れて動き出すコツもある。

このように、バレエと日本舞踊だけを例に取っても、舞踊の美は内実も外観もまったく違っている。違っているのだが、それぞれの名手にかかると、詳しいことを知らない鑑賞者の眼でも、いい踊りの良さは一目瞭然のものでもあるので、考えてみればふしぎである。

言えるのは、舞踊の美というのは約束事であり、相対的なものだということ。唯一絶対のものがあるわけでは決してない。

(5)〝美しさ〟の隠れた理由

では、このように相対的なものを、人はなぜ美しいと感じるのだろうか？

舞踊に限っていえば、見慣れない種類のダンスは当初、美しく見えないことがある。また、同時代の同じ場所に幾つか存在する踊り、今の日本で言えばバレエや日本舞踊、フラメンコ、韓国舞踊、その他多くの舞踊の中で、あるものは美しいという一般の賞賛を得ることができ、他のものは、変わっているけれど必ずしも美しいとはいえないという評価を受けたりする。こうしたことはどういう理由で起こるのだろうか？

まず第一に考えられるのは、美というもの、わけても舞踊の美には、その舞踊の背景として、ある人間集団が想定されるということだ。例えば、ある外国や文化、国内であれば社会階層などに対して、好感やポジティヴな関心があると、その舞踊も美しく見える。つまり美には価値観が伴うのである。

十八世紀にバレエがフランスからヨーロッパ全土に広まったのは、諸国がフランスのような絶対王政を目指していたからに他ならない。明治時代に鹿鳴館でダンスが踊られたのも、それと似たような理由だし、第二次世界大戦後、いわゆる洋舞が雪崩のように入ってきたのも同じ気持ちではなかっただろうか。

人が何かを〝美しい〟と感じるとき、まずは単純に「自分もあのようになりたい」という願望に動かされている可能性がある。戦後の日本のバレエ・ブームが日本人のコンプレックスと裏腹のものだったことは否定できないのである。

このように、舞踊の美しさにはある種の格付けや、それに基づく上昇志向があることも考えておかなくてはならない。

それとはまったく別の動機として、舞踊の場合、遠くにあって珍しいものに対しても人は強い魅力を感じることが証明されている。いわゆるエキゾティックな魅力である。バレエも成立当時から周辺各地、各国の舞踊をつねに取り入れてきているが、現代の日本で考えてみても、これまでに見たことのない動きや仕草、衣装などはおおいに好奇心をそそるではないか。その好奇心の一端には、先にエロティスムの項で述べたように、異なる身体意識にふれることで、日頃沈静している潜在的な情動が揺り動かされるという秘密もあるにちがいない。

またサイードの『オリエンタリスム』(一九七八年)などエキゾティスムに関する研究が明らかにしたように、周辺の文化に対する関心はえてして国際政治上の宗主的統合意識の現れであることもある。舞踊の美もまた、そのような力関係、利害意識を包み隠しているものであることは事実である。

3　舞踊の歴史的変容

(1)　時代とともに変わるもの

舞踊の美は地域によって大きく異なるものであることがわかったと思う。バレエと日本舞踊がどれほど違っているか、その違いを思い出してほしい。

ところがその違いも、じつは恒久不変のものではない。十年、二十年という目盛りで見ると、固定して不変のものと思われていた規範が徐々に変わっていることがわかる。

まず最近の日本舞踊は腰高になった。現在でも「腰を入れる」すなわち重心を低くするのを第一とすることには変わりがないが、実際に舞踊家が舞台で演じる動きは明らかに重心が高くなっているのである。

そうした転換期には、洋の東西を問わず大きなスター性を持った革命児は出現するものだが、ごく最近の日本舞踊の変化の火つけ役になったのは、歌舞伎役者の坂東玉三郎だった。彼が登場したとき、古い日本舞踊の師匠たちは、腰が高くて見られた踊りではない、あの真似は決してしてはならないと、激しく批難したし、現在でもしつづけている。しかし若い舞踊家たちは禁止にもかかわらず玉三郎のように踊り、いつのまにか一般に浸透していった。

どうしてこういう変化が起こったのだろうか。それは単純なことである。腰の高い踊りが一般観客の目にも、若い舞踊家の目にも魅力的に見えたからだ。さらに言えば、腰が高いほうが、今の日本の生活感覚、身体感覚に合っていたからである。重心を低くするという古来（といっても元禄時代の浮世絵などは、かなり腰高に描かれているが）受け継がれてきた規範が、現実の世相とややずれてきたのだろう。

面白いのは、玉三郎自身、子ども時代のビデオではしっかり「腰を入れて」踊っていることである。職業的な舞台に立ち、一般観客の反応を肌身で受け止めるようになってから、おそらくは意識的に時代の美意識を自分の芸に取り込んでいったのだと思われる。

同じようなことが、バレエの歴史でもしばしば起きている。バレエでは、脚を外に開くのが基本で、それは十七世紀にルイ十四世のバレエ教師であったシャルル・ボーシャンが五つの基本ポジションを定めて以来変わらないとされているが、当初は外向きに置く程度で、ほんとうに一八〇度の一直線に開いていたわけではなかった。それが十九世紀になって、次第に宙を舞うような振り付けが多くなり、ポワント（＝トゥシューズ）が開発されるようになると、体を前後にも左右にもブレが少なく、体の縦軸を厳密な一本にする必要が出てきて、両足は真横に開き、前後にぴったり重ね合わせるようになった。

これに先立つ時代、ちょうどフランス革命の頃に、パリ・オペラ座のベテラン・スターだったマドレーン・ギマールという人が「近頃のダンサーははしたない踊りをする。昔は手も肩より上には上げなかったし、脚はもっと内輪だった」と嘆いたという話[3]が伝えられている。この時代のフランスのバレエについて詳しく述べている余裕はないが、ちょうど最近の二十年間に日本舞踊の師匠たちが言っていたのと内容的に非常に近いのが面白い。

ともかくも、そのようにしてバレエは今から二百年前に「重心高く」「足は外輪に」と、著しい変容を遂げたのだが、じつはそれとまったく逆の変化が二十世紀の後半に起こったのである。現在、最先端のバレエ振付家であり、世界中で最も評価が高いイリ・キリアンが振り付ける作品は、もちろん正統的なバレエではあるのだが、足は内股に重ね合わせ、重心をきわめて低くした肉体造形が多用されている。

このように、確固とした動きのルールと美意識を持っているはずのバレエや日本舞踊でさえ、時代とともに変質、変容しているのである。

(2) 変化を促す要因

ではなぜ、どういう理由で、舞踊の基範、その〝美〟の根拠は変わっていくのだろうか。長年にわたって舞踊を見つづけていると、かつてはこの世ならぬ美しさに見えたものが、なぜか古びて魅力に乏しく感じられるようになる。そうした現象は何も舞踊に限ったことではなく、むしろ芸術以前の問題であって、もっと身近な、例えば服飾とその流行などでは当たり前のことだ。それが舞踊でも起きているだけだとも言えるのだが、しかし規範を持ち、一つの理念で継承されてきた古典芸術にもそれがあるということは、考えてみれば、人間の感じ方にまつわる大きな悲哀だとも言えるだろう。なぜ、人はかつて美しい、魅力的だと思ったその感じ方を持ちつづけることができないのだろうか。

人間の心には〝倦き〟という小悪魔が住んでいる。それは人間存在の不幸である。そしてそれが〝美〟が変質していく不可解かつ不可避な要因なのではないだろうか。

一方、表現の問題、つまりある種の内面的な高揚なり鬱屈なりを「外へ(ex-)押し出す(-presser)」のが芸術という欲求の原点であるとするなら、時代が変わり、周辺が違ってくることによって、内面が押し出したいものが変化するということも考えられる。

それに加えて、舞台芸術の場合、人は日常生活で見ることのできない珍しいもの、未知のものを求めて劇場へ行くという事情もある。何度も見慣れてしまうと、未知でも新奇でもなくなってしまうのだ。二十世紀初頭、バレエ・リュッスを率いて世界にバレエ・ブームを巻き起こした稀代のインプレッサリオ、セルゲイ・ディアギレフは新作バレエの案を練っていたとき、作家ジャン・コクトーに向かって「私を驚かせてくれ」と言ったと伝えられるが、(4) 確かに、人（＝観客）を驚嘆させることは舞台芸術が抱える大きな目的でもあって、その目的ゆえに、いわば変わることを強いられているという側面もある。

劇場経営の観点からしても、同じ作品では観客を再三引き寄せることは難しい。あれはもう観た、と思ったら、また行こうという気にはならないのが人情だし、そう思われたら、劇場経営は成り立たない。そのことが、劇場芸術が常に新しさを指向せざるをえない最大の理由かもしれない。

（3）踊る身体自体の変化

以上は舞踊に限らず、人間と社会に常につきまとう一般的な現象だが、ここでもう一つ、舞踊ならではの問題がある。それは舞踊が身体の動きに深く結びついており、身体は、先に述べたように生活によって形成されるという事実に起因するものである。つまり踊りが同じでも、それを踊る身体が変化することがある。

大きな変容として起こりうるのはまず第一に、舞踊が伝播して、他の民族によって踊られることになった場合だ。フランス人の身体が生み出したバレエがロシアに渡り、大いに磨かれてスラブ民族特有の身体能力とその舞踊技法がつけ加わった。フランス・ロマンティック・バレエから帝政ロシア期のクラシック・バレエへの変貌である。ポワントは強化され、回転や跳躍のテクニックが開発された。

日本に導入されたバレエについても、同じことが考えられるかもしれない。見てきたように、日本人の身体は西欧人のそれとは根本的に異なっていたから、バレエを踊ることは非常に困難だった。しかしその困難が逆に何かをつけ加えることもありえないではない。なべて芸術は不如意をバネに新しい境地を生むことがある。日本のバレエが、以前のバレエになかったものをもたらすかどうか、それはいまだ未知数だが、しかし日本人による熱心な実践からしても、また日本人の体位や身体意識がここ半世紀あまりで著しく変化したことをもってしても、そうした発展的未来はありえないことではない。

だがその一方で、同じ変化が日本舞踊の領域でも起こっていることを見逃すわけにはいかない。日本舞踊においても腰高のスリムな姿態が好まれるようになってきたと先に述べた。それを評価すべきかどうか、一概には言えないことだが、踊る人と観る人の双方が、いやそれ以前に日本人の生活様式が目に見えて欧米化しているのだから、舞踊としてもそれに合わせて変化しないでいることは不自然だし、逆に古式を守るのは至難の業である。現在の日本舞踊の最大の問題は、日本固有の舞踊を踊るために、現代の日本人として自然な身体感覚を捨てる必要があるということに他ならない。

（4） 醜さの美——舞踏

舞踊は美を追究するものという大前提に立って、ここまで話を進めてきた。しかし、美しさよりもむしろ醜さ、おぞましさを追究する踊りもある。現在、ヨーロッパやアメリカで日本を代表すると見なされ、高い評価を受けている「舞踏」がそれだ。

舞踏というのは、一九六〇年代の初め頃、日本中に反体制運動が沸き上った時に、その副産物のようにして、アンダーグラウンド演劇などとともに発生したパフォーマンス・アートの一つで、土方巽をリーダーとする「暗黒舞踏」がその名の由来である。既存の舞踊集団とはまったく無関係に発生し活動したために、当時は舞踊のジャンルとして認知さえされなかった。

「暗黒舞踏」がもくろんだのは、一見平和で安楽な日常生活に自己満足して、ものを考えなくなっている人々に、生存の奥ふかく潜んでいる闇を指し示すこと。醜悪さをつきつけ、衝撃と恐怖を与えることによって、人間存在の下部で窒息している声なき叫びを形に現すことだった。髪の毛を剃り、顔面を真っ白に塗って、裸体かもしくはボロ切れをまとっただけの、まるで地獄絵図に描かれた亡者のような姿で現れる。ある意味、観客の怖いもの見たさ、ゲテモノへの好奇心に訴えたのだが、しかし、そこに何かしら人間の真実が噴出していたのも確かだった。

しかし社会状況の変化とともに、舞踏も必然的に変質しないではすまされなかった。現在も舞踏を名のる舞踊家たちの活動はますます盛んに続けられていて、そのなかには「山海塾」のように再先端のテクノロジーを取り入れ、それなりに洗練され発展をとげて、国内・海外ともに高い人気を得ているカンパニーもある。

土方は早くに病没したが、彼とともに「暗黒舞踏」に参加した大野一雄は、自身の感性で舞踏を練り上げ、おぞましさの中にノスタルジックで甘やかな哀愁を漂わせるその芸術は、百歳を迎えた今、国内外でますます高い評価を得、ほとんど神格化されている(5)。

舞踊もまた他の芸術同様、それなりの手段をつくして「美とは何か?」「きれいとは何なのか?」を追究しつづける。だがそうした探究の果てに、「美しさ」はむしろ「醜さ」のなかにあることを発見したりもする。「美しさ」は無数にあり、しかも決して不変なものではなく、時を変え所を変えては変幻して止まない。その点もまた、他のすべての美の追究、すべての芸術活動と同じである。ただ舞踊が他の芸術と違うのは、生きている身体と切り離せないことだ。そして身体は日常生活と深く結びついている。舞踊はもっとも緊密に日常性から生まれる芸術だと言うこともできるだろう。

だが、それ故か否か、舞踊はえてして非日常的であることを目指すものでもある。国や民族に縛られながら国境を超え、はるかな過去はもちろん、まだ見ぬ未来を先取りするものでもある。

到達不可能な境地を目指して、挫折を繰り返しつつ、ある時、思いもかけない境地を展開するのが舞踊という芸術なのである。

註

（1）McGowan, Margaret M.：*L'ART DU BALLET DE COUR EN FRANCE 1581-1643*, CNRS, 1963 に宮廷バレエの理念形成が詳しく論じられている。
（2）フラメンコとは南スペインのアンダルシア地方で、ロム（シプシー）の間で踊られた伝統的な舞踊をいう。
（3）Guest, Ivor：*Le Ballet de l'Opéra de Paris*, Flammarion, 2001, p.78.
（4）コクトー「ロシア・バレエ　一九〇九―一九二九」展のカタログから。
（5）小論「大野一雄――あるいは戦後日本の舞踊的真実」、『学鐙』一九九七年九月号。

第五章　美人とミス・コンテストをめぐる考察

小玉美意子

1　美しいことと、品定めをすること

美しいもの、きれいなものを求めるのは人間の自然な感情だ。美しい景色、芸術的な絵画や彫刻や写真や調度品、さらに、美しい声や音楽、肌触りや喉越しの良さ、そして美しい心やしなやかな動き……その中に人間の外見の美しさが入っていても、不思議はないかもしれない。

美しいものを心地よく思う心には共感するが、若くて美しい女性を観賞の対象として品定めし、男性は選ぶ主体としてわが身は安全圏においているのは、どのようなものであろうか。男女平等が国際条約や法律に謳われ、ジェンダー差別が問題にされるようになった。が、ミス・コンテストは

依然として日本でも世界でも行われ、美女世界一を決めるミス・ユニバースの選考会と、その大会に代表を送るためのミス日本選考会は、毎年行われている。身近なところでは、都道府県や都市の名を冠したミス、お祭りの一環として行われるミス○○祭り、各地の特産品の名をつけた果物やお花のミス、そして大学生の中から女王を選ぶミス・キャンパスまで、数え切れないほどのミス・コンテストがある。

主催者は、ミス選びが多くの人をひきつけるイベントであり、それを楽しみに集まる人がいることを前提に企画を立てる。人々はあまりためらいもなく、出場した女性に優劣をつけるそのプロセスを楽しんでいるように見える。たしかに、個人が自分の好みをもち、個人的意見を述べるのは自由かもしれない。しかし、それが公のイベントとして、社会的に女性の美を競わせ、品定めをするのはどうなのだろうか。

ミス・コンテストの批判をする人たちに対し、擁護派はしばしば「ブスのひがみ」などということばで揶揄する。が、私の知る限り批判派の中には、顔の造作の良い人もそうでない人もおり、男性も含まれているのは、普通の社会と同じだ。そして、批判派の人々は感情ではなく論理的に、個人的ではなく社会的に考察をして批判をしている。今までの美人をめぐる議論はその辺が明確でないものが多かったであろう。

ミス・コンテストの問題は、社会的な文脈でとらえる必要がある。まず、人間を並べてその体つきや顔の美醜を評価することに問題はないか。そして、女性だけを対象として美を競わせるということ、すなわち、女性の外見を重視するのは一体どういう社会か。小学校の運動会でさえ競争させたがらない親がいる世の中なのに、どうして先天的な原因が大きく支配する人の美醜について、堂々と人前で論評するのか。美しくない女性は社会的にどうみられ、どういう扱いを受けるのか。例えば就職の時に、あるいは、合コンや集団見合いの時の扱いや、ちょっとしたことを頼む時に美人が頼むのとそうでない人が頼むのとでは差があるのか。そして、このようなことを想定する時に、就職の面接者や仕事先の人まで男性を相手として想定してしまうのは何故なのか。このような観点から考えると、美人が得をする世の中、ミス・コンテストが存在する世の中の前提条件に何があるかが浮かび上がってくるのである。

本章では、「きれい」ということばを人の外見の「美しさ」の面から考察することにし、それが何を通じてどう表現されているかを見ながら、女性の場合まず美醜で暗黙の評価がなされる問題と、その女性評価のあからさまな表現としてのミス・コンテストをとりあげて、ジェンダー問題として考察していきたい。

しかし、その前に、多くの女性たちは、〝現在〟〝その社会で〟美しいとされる価値に引きずられ、それを絶対条件と思いがちであるが、「何が美しいとされるか」ということ自体、きわめて流動的であることを知るために、日本の歴史の中で女性の美がどのように解釈されてきたかを見ていこう。

2 「美しさ」の変遷——時代によって変わる美の基準

古代から現代に到るまで、人々は様々な場面で暮らしてきた。当時は今のように写真やビデオが無いので、絵画や彫刻、文献を通じて、それぞれの時代で何が「美しい」とされてきたかを振り返っていこう。ここでは、筆者が編者をつとめた論文集『美女のイメージ』に書かれている日本の歴史や文学で取り上げられた女性像を中心に、女性の美しさの変遷を検証していきたい。

(1) 古代——図像の中の美女

岩崎和子は『美女のイメージ』の中の「しなやかに動く美女」で、日本の古代、図像に描かれた女性像を美学の観点から考察した。正倉院の「鳥毛立女図屏風」に中国の豊満な女性を見たが、その二〇年後に描かれた薬師寺の「吉祥天画像」では、頬がひきしまりきりりとした美女を見出した。その違いは中国と日本の美人観の違いに起因すると言っている（岩崎 一九九六、三一〜三二頁）。

当時の中国の文献では、「細い腰、なで肩」などの体型を表すことばや、顔については「細く柳のような眉、朱の唇、花のような面立ち」などの定型的な表現が多く、きまりきった譬えを用いて暗黙の了解のうちに美しさを語ったという。美人につきものの形容詞によって、美しさと想像させる方法をとっているのだ。

それに対し、ビジュアル表現が可能な図像や彫刻などの場合は、もっと具象的になる。唐の玄宗皇帝当時の女性図には「食生活にも恵まれた豊満な美女」がより多く描かれている（同、三八頁）が、これは、玄宗という最高権力者が愛した楊貴妃をモデルとしていたためと想定される。とはいえ、細めの女性を描いたものや、ペルシャ文化の影響で彫りの深い顔立ちと大きく切れ長の目、引き締まった体躯に張り切った腰などの表現もあるので、国際交流が盛んだった中国において、すでに美女のあり方は様々だったのだ。

日本では、先の「鳥毛立女図屏風」は、ちょうど楊貴妃のころの美女たちのように豊かでゆったりと柔らかだ。「蛾眉豊頬」といわれる濃く太い眉と豊かな頬をもち、くびれた首筋の線は太っていることを示し、さらに乳房の線も描かれている。中国には乳房にも美を感じる目があったと見てよいかもしれない（同、四一頁）。ここまでは日本の美女図も中国の影響を受けていたといえる。

ところが、天平時代を代表する薬師寺の「吉祥天画像」になると、蛾眉豊頬の特徴を持ってはいるものの、たるまずにひきしまった線である。日本の仏像は世俗的な迫真性が求められることが少なかったというが、吉祥天だけは当世風の美女にするのが慣例の尊像といわれている（同、四六頁）。女性の仏像であることがその理由であるとすれば、ここに作者や鑑賞者である男性の視線を感じるが、それゆえにこそ、吉祥天はその時代における美女の理想像を表しているのだ。

さて、言葉で表現された日本の女性像に目を転じてみよう。『万葉集』の中で女性は、花に譬えたり色に託したりして、明るく華やかなさまが描かれる(1)。胸幅のひろさ胸筋の発達したさまを表してもいるが、これは乳房が大きいことではない。中国における男性の性的対象としての豊満な女性像は、一時、図画の中で影響を与えたが定着はせず、すぐに日本風のひきしまった形に戻っていることが興味深い。それは「日本にはしなやかなつよさを美しいとする美意識が確立していた」（同、五九頁）からであるともいわれている。(2)

（2）平安時代――清らに輝く姫君

梅村恵子は、同書の中の「清らに輝く姫君たち」で、八世紀から十一世紀にかけて、どのような女性が美しいとされていたのかを考察している。九世紀半ばまでは、「至高の美の評価は、気高く神々しいといった総合的な人格を感じさせる端正な美しさ」で、それは男性にも女性にも共通する美貌であったとする。しかし、九世紀後半からは、女性に対しより可愛らしい、保護されるような、おだやかな美しさを求めるように変わっていくが、それは貴族社会において四書五経に代表される儒教的学問体系が定着し……女性的なるものが固定化されつつあったことを端的に示しているという。

九世紀末から十世紀にかけてまとめられた『竹取物語』では、「この児のかたちのきよらなること世になく、屋の内は暗き所なく光満ちたり」と、「清ら」で「光り輝く」ところに美しさを表現している。五人の求婚者たちは、昼間の時間帯に姫君に会いに来ているのだが、この美しいかぐや姫を形容する言葉として多く出てくるのは「清ら」で、これは汚れがないの意を離れてさやけしに近く、華麗な、輝くような美しさに用いるという（梅村 一九九六、六八頁）。

ところが十世紀になると貴族の生活は夜が中心となり、女性との交際も昼間の光の中から夜の帳の中に移ることとなった。そうなると容貌ではなく、焚香による香りや黒髪の感触、そして、気配などの視覚以外の感覚に訴える要素が美しいと評価されるようになった（同、六五～六六頁）。

『源氏物語』に登場する女性たちは、どのように描かれているのだろうか。若紫登場の場面には、若紫が子どもゆえの「らうたげ」という庇護したくなるような美しさと、眉の形が自然の形のぼうぼう眉でそれが好ましく思われていることが書かれている(3)。桐壺更衣は「いとにほひやかに、うつくしげなる人」であり、光源氏は「いとどこの世のものならず、きよらに」成長している若宮として描かれ、男女ともに姿と雰囲気が渾然一体となったもので、個別の身体や顔の部分については特別の描写はない。

そして、紫式部の凄さは、美醜に関係なくその人の容貌を活写し、性格を描きわけるところにあるだろう。紫式部は「ただ、悪いだけの人もいないが、落ち着きがあり、才気・たしなみ・風流心・信頼性などの美点をすべて備えていない人もいない」と言う。対象をまず身分や装束で評価し、自分とのかかわり方でのみ判断する清少納言や和泉式部、『蜻蛉日記』の作者にも不可能な分析であった（同、八四頁）。紫式部が描いた人物像は、外見的なものにとどまらず内面を描いていることに大きな価値が見出せるのではないだろうか。

（3）能の中の小野小町――知力

日本の歴史の中で代表的な美女というと小野小町をほかにおいてない。奥山けい子は「能にみる美女の老い」として、能の世界における女性の描き方に着目する。[4] 能の世界でも小野小町は人気者である。西野春雄によれば、古今の能のおもな登場人物の中で小野小町が登場する能の数は二四番あり、義経（二七番）についで第二位、歌人の中ではトップを占める。能では女性が女児から老女まで登場するが、小野小町については若いときよりは老後に焦点をあてたものが多く、その中で、現在も繰り返し上演されるのが『卒都婆小町』である。

この物語は、百歳になった女が旅の途中、疲れてあまりに苦しくなったので卒塔婆に腰掛けて休むところから始まる。旅の僧がそれを見咎めると女は反論する。両者の間で丁々発止の言葉のやりとりがあって、最後には宗教問答となり、女のほうが僧をやりこめてしまうのだ。敬服した僧が女に対し頭を地に付けて礼するとき、女はややおいてから「極楽の内ならばこそ悪しからめ　そとは（卒塔婆）なにかは苦しかるべき」という歌を詠む。この老女こそ小野小町の成れの果てだというのだ。

男の意のままにならない女を悪女とし、後世災いがくるということにするのは、男社会における女性の一つの描き方だろう。男を振った小町が落ちぶれる話は、他の女たちへの見せしめや警告となり、男たちが溜飲を下げるのに都合が良い。しかし、『卒都婆小町』で注目すべきは、百歳になってもその知力が少しも衰えず、知識階級である僧を議論で言い負かし敬服させていることだ。ここには若くて美しいだけを良しとせずに、人間の精神力や知力を評価する世界観が読み込まれている。小野小町は絶世の美女であったけれども和歌の世界でも傑出していたので、そのような才能があってなお一層、美しさが評価されていたとも考えられるのである。

黒岩涙香の『小野小町論』に興味深い考察が載っている。小町は皇子の婚約者であったが、政治的事情でその皇子とは結婚できなくなり、独身のまま一生を終えた。小町は巷間いわれるように驕慢だったのではなく、皇子への一途な思いが他の男性を寄せ付けなかったとしている。しかし、美人であるがゆえに数多の男性から言い寄られ、中でも深草少将は百夜通いをして思いを遂げようとするが、九九日目で亡くなってしまう。その少将の恨みが老後まで彼女についてまわり悩ませるというのである。

つまり、断られた男性の側から物語が語り継がれ、小町が奢り高ぶっていたとか、その報いで老後がみじめであったことにされている。女性の立場から見れば、好きでもない男性から言い寄られても困るばかりで、断るのは当然だ。小町が皇子との悲恋の後、他の男性に靡かず一人で生きたとすれば、その毅然とした態度は尊敬に値する。身寄りのない女性の老後は社会保障のある今でも心もとないが、その当時としてはもっと不安が大きかったであろうに、そのような見方はあまり示されていない。

能には老女物と呼ばれるジャンルがあり、これら老女をシテとする能は「能の美意識上、女を描くことと老いを表現することは重視される傾向があり、その両面を兼ねるところから高度な技量と芸位、深い精神性を要し、相応の年齢に達しないと演じられないとされる」（羽田 一九八七）。「『姥捨』は捨てられた姥の後日談を、悲しみや孤独を結晶し純化して、澄み切った境地として描く。そこに一つの老いの美がある」（奥山 一九九六、一四〇頁）という。ここにおいては精神的な美が老いとともに描かれる。

中世の人々の美意識は、単に表面に現れたものだけでなく、その内面に沈む精神性をも描き出して、それを舞台に載せているのである。

（4）近世・地方の美意識

江戸時代になると、江戸、京、地方において、それぞれの文化が発達したので、女性の装いや美しさの考え方にも地域性が見られるようになった。ほとんど自分の国から外へ出たことのない人たちにとっては、違う地域の風習は驚きであり異様であったに違いない。地域の風俗について、浅倉有子は「『国風』の美」の中に、南部藩の事例を引いて興味深い研究をしている。

「参勤交代で江戸へ上る者が、江戸の言葉や髪型など、奢侈の風俗をまねするようになった。以後は、「異風」な江戸の風俗をやめ、「御国風」を守り、万事古風に、藩主へ実儀に奉公を尽くすようにする」ことが触れの内容である。(5) ここでいう御国風の習俗には、女性が眉を剃らないことが含まれている。江戸では既婚女性は眉を剃っていたのに対し、この頃の東北地方では、眉毛のない女は驚きの対象であり、恥ずかしいことであった（浅倉 一九九六、一五二頁）。ところが、一八〇八年になると一転、諸国並みの風俗を勧告することとなり、盛岡城下では、剃刀をもって一戸一戸を訪ねて行き、皆の眉を剃ってしまうという徹底振りである(6)（『内史略』前一七巻注）。さらに、一八一〇年には、黒沢尻や鬼柳付近で眉剃りが進んでいないことを理由に、代官を罷免までした（浅倉 一九九六、一五三頁）。そのようなことを急激に進めた理由は、当時、蝦夷地の情勢が緊迫し、幕府が派遣した大勢の役人や諸大名の派遣軍がこの地を通って蝦夷地へ向かうことになるので、他所の人たちに「異風」と見られないよう「諸国一統の風儀」を強制したものと思われる（同、一五四頁）。

明治になった一八七三年には、昭憲皇后がお歯黒と眉剃りを廃することを宣言し、女性はこれらの習慣から脱することが可能になったが、民間の一部では第二次世界大戦の前までその習慣は続いていたという。また、丸髷などのいわゆる日本髪の結髪から、単に髪を束ねる束髪への移行も容易に進まず、大正時代になってから庶民の髪型として定着したという（日本近代思想体系『風俗性』解説）。

浅倉はさらに、江戸後期から○○美人と呼ばれるような地方美人の典型についても述べ、越後は美人の産地と世に言うのは本当だったと記す鈴木牧之の『北越雪譜』を引用している。こうした地方の風俗を含めて美人を評価することは、地方の経済や文化の興隆と期を一にしている。それはとりもなおさず、江戸が京都や大阪とは別の文化的基盤を築いたこととも同じで、京美人に対抗する江戸美人の誕生にもつながる。長谷川時雨によると、浮世絵で見るかぎり十七世紀後半の元禄美人は、丸顔で豊満な肉体美をもっているが、ついで、柔らかい、地味のしたたるような味の美女になり、文化文政期以降の美人は、歯あたりのある、苦味を含んだ味のある美女へと変ってきている」という（長谷川　一九二七）。

このようにして、それぞれの時代のそれぞれの地域において、それぞれの美人ができあがり、一様でない固有の美人観が全国にできあがっていったのであった。

3　明治以降のミス・コンテスト

(1) ミス・コンテスト前史

ミス・コンテストの源流と思しき企画は、江戸時代からすでに存在した。十七世紀には『遊女評判記』という遊女カタログ本ができて、娼妓たちの容貌や技芸などについて品評した書が各遊廓で出回っていた。十八世紀になると、『娘評判記』という、庶民の娘を扱ったものが出回るようになった。娘たちは浮世絵師によって描かれ、評判の娘のものは一日二〇〇枚も売れたと言う。評判記に載った女性たちは当時のファッション・リーダーでもあり、普通の娘たちが髪型をまねしたり、櫛・かんざしなど同じものを求めたというから、今で言えば雑誌の読者モデルといったところだろうか。

明治の世になると江戸時代の幕藩体制から解き放たれ、移動や旅行が自由になった。鉄道その他の交通手段も発達したので、営業上一箇所に人を集めることが大切な要件になるところが出てきた。

一八九〇年、浅草十二階と呼ばれる当時としては大変な高層建築である凌雲閣が建てられたが、エレベーターは何故か一年で故障してしまった。そこで、階段を登るその途中に、「東京百美人」と称する美人芸者の写真を飾って人気投票を行い、来場者の拡大を狙ったという。これは写真であって実際に人を集めたわけではないが、イベントとしての美人比べという意味で嚆矢と言えるかもしれない。一九〇一年には、『日の出新聞』主催で「京浜五美人投票」が企画され、芸者・半玉・娼妓・女中・女義太夫の五部門に別れて投票が行われた。主として美貌や芸を売り物とする女性が中心で、新聞販売拡張の手段として用いられた。

一九〇七年になると大規模な美人コンテストが始まる。アメリカの『シカゴ・トリビューン』紙が世界一の美人を決めるため世界に呼びかけた。日本では『時事新報』が協力して地方新聞にも呼びかけ、日本全国に美人の写真を公募した。その頃の欧米におけるミス・コンテストは、〝良家の子女〟の中から選ぶのが通例となっていたため、日本における選考も「女優、芸妓、その他容色を以って職業の資とするものの写真は採用せず」という方針だった。一次予選を通過した二一五人の写真は『日本美人帖』という本にして発行された。その前書きがふるっている。「ここに帖載する所は悉く良家淑女の真影にして、賤しくも容色を以って職業の資をなすがごとき品下れる者にあらざるが故に、観者は相応の礼位を以ってこれに臨むよう……」。ここには、容色をもって職業とする人たちを見下しながら、良家の子女の写真をありがたく拝見するようにという、階級や職業差別が色濃い当時の状況が示されている。

しかし、当時の人たちの美女選びに対する見方は一様ではなく、教育者、〝良家の人々〟の間には、大事な娘を人目にさらすことなどもってのほかという考えも根強かった。その良い例が、この時、日本一の美女に選ばれた末広ヒロ子に対する学校の対応である。彼女は当時、華族女学校（今の学習院女子部中高等科）の三年生であった。学校側は「女は虚栄心の盛んなもの、いわんや女学部生徒のごとき上流家庭に育ちしものにありては、本人が虚栄心に駆られて自ら応募せしならば、他の生徒等の取り締まりの上、停学もしくは諭旨退学の処分をなさん……」（『大阪毎日新聞』明治四一年三月二二日）と批判をあらわにした。義兄が彼女には黙って写真を送ったと言われているが、結局「当校は、女子の知育、徳育を主とせるものにして、容貌の美醜を顧慮するものは、兎角、気が散りて学業に身が入らず……」と放校処分にしてしまった。ミス・コンテストで日本一になったつけは大きかったのである。(7)

国際的なミス・コンテストへの実際の参加としては、一九三七年に行われた万国博覧会に親善大使として派遣された「ミス日本」の月本暎子がいる。彼女は当時としては珍しい外国語に堪能な女性で教養も豊かといわれ、良家の子女の中でも飛びぬけた国際派で、知性、容姿、マナーを備えた女性だったようだ。

(2) 第二次世界大戦後の美人コンテスト

戦後になって、本格的に大きな規模でミス・コンテストが行われたのは、一九五〇年、読売新聞社主催の第一回「ミス日本」である。読売新聞は「審査に当たっては未婚女性の将来を慎重に考慮して行います」（一九五〇年四月六日）とし、「面接」審査が内輪で行われ、水着審査もなかった。ここで最初のミス日本に選ばれたのは、上品で和服がよく似合い教養ある女性として評価された山本富士子である。山本はその後、映画界に入り、舞台でも活躍をつづけた。以来毎年、新しいミスが選ばれているが、日本一の美女としては常に彼女の名前がでてきた。

世界大会に進出することを前提とした「ミス・ユニバース」は、一九五二年から開催され、第二回日本代表の伊東絹子は世界第三位に入賞し、日本中を驚かせた。当時、一般の日本女性は背が低く顔が大きかったので、世界水準で競えるとは誰も思っていなかったのだ。しかし、ファッションモデルの彼女は日本人離れをした堂々たる体格で、身長一六五センチ、バスト八九センチ、ウェスト五七センチ、ヒップ九一センチだった。因みにスリーサイズなどと身体に関する数字が公表されるようになったのはこれがきっかけである。また、顔が小さく、全身の八分の一だということで、「八頭身」なることばが登場し流行語にもなった。六年後、第八回「ミス・ユニバース」日本代表になった児島明子は、世界一に輝いた。多くのミス・コンテストの選考基準は「顔」から「スタイル」へと審査の中心が移っており、多くの女性が姿態の修整に磨きをかけることになる。

ローカルなミス・コンテストも数々登場した。一九五七年から始った「ミス東京」は、江戸開都五〇〇年の記念行事として始まり、東京新聞主催、東京都が後援となっている。公的な自治体が、顔やスタイルを競わせる美人コンテストを後援することに多少とも躊躇するものがあったのか、当時の安井都知事はこう言い訳している。「今度のは、美しさ一本やりの、いわば美の職業婦人を選び出すのでなく……趣味や教養、孝行なども採点基準になる」（『東京新聞』一九五九年八月三日）。実際、ミス東京は顔がきれいなだけでなく、教養もありそうな人が選ばれてきた。

一九六〇年ごろから、女性の大学進学者が少しずつ増え始めた。まだまだ大学生は勉強に専念するべきエリートだと考えられていたそんな時、ミス・エールフランスとして早稲田大学学生が選ばれ、それに驚いたのが教授連である。特に文学部では、成績の良い女子学生が増えて男子学生が劣勢に回りつつあったこともあり、「女子学生は、大学で学んでも社会に出て生かすこともせずに家庭に入ってしまう。大学において男子学生がいるべき席を女子が占めていることは、国を滅ぼすもとである」として〝女子学生亡国論〟がマスコミをにぎわせたこともあった。早大教授暉峻康隆氏の「女子学生世にはばかる」、慶大教授池田弥三郎氏の「大学女禍論」が、『婦人公論』に掲載されたのが、そのきっかけとなった。

女子学生増加の波の中で、外のコンテストに応募するばかりでなく、やがて大学内部でもコンテストが行われるようになる。一九七四年、慶応義塾大学企画事業倶楽部主催の「ミス・ユニバーシティ」コンテストには、全国二〇〇の大学から六〇〇人の応募があり、最終審査では三〇人の中から、「ミス・ユニバーシティ」を選んだ。一年後には東大生が「ミス日本」審査で最後の二五人に残り、「東大生までが……」と世の大人を嘆かせた。しかし、学内外を問わず大学生が応募することは珍しいことではなくなり、むしろ、大学生はミス・コンテストの常連客となっていくのである。

そして、それに疑問を感じない大学生と、違和感をもつ大学生の両方が共存していた。東京女子大学でも同じであった。一九九四年、秋の学園祭である「牟礼祭」の時に、「Princess of 東女」企画がもちあがり、それを知った別の学生の間で「東京女子大の学園祭でミスコン?」という疑問が持ち上がった。過去の牟礼祭では、ミスコンに反対してあえて放送研究会による「Top Guy コンテスト」が行われていたと解釈していたからである（東京女子大学現代文化学部発行『Special』一九九四年一〇月二九日号）。そこで、彼女等は、ミス・コンテストに関するシンポジウムを開き、その是非を問う催しをする一方、男子学生を選ぶコンテストを実施した。ここでは、容姿以外にも、入学試験に出るような知識を問う問題を出したり、一芸に優れている場合には披露してもらうなどの方法で、東京と周辺の応募学生の中から素敵な男性を選んだのであった。

女子学生が男子学生を選ぶことはメディアの好奇心を十分に引き付け、事前にこの催しのことを知ったメディアがたくさん取材に訪れた。多くは興味本位の、あるいは催しを揶揄するような記事を書いたが、ある「ワイドショー」の取り上げ方は、メディアで働く人のジェンダーを映し出したものとなった。すなわち、取材に訪れた女性のレポーターは、彼女の視点から「Top Guy コンテスト」を客観的に取り上げるとともに、ミス・コンテストを問うシンポジウムについても触れ、学生たちの趣旨をよく理解したものとなった。しかし、レポートが終わってスタジオに戻った時、メインキャスターの男性が吐き捨てるように「女が男を評価するなんて」という趣旨の発言でこのコーナーをくくったので、牟礼祭の印象は大変悪いものとして受け取られ、それを進めてきた学生たちは大変傷ついたのであった。

さて、時代が少し戻るが、一九八〇年代後半には年少の少女たちが対象となり、「全日本国民的美少女コンテスト」が一九八七年に始まった。テレビが普及しつくし、人々がますますビジュアル志向になっていったので、「きれい」の価値が人々に行き渡っていたのだろうか、全国で十万人規模の応募があったという。少女好みは日本的な特徴なのだろうか、美少女コンテストは大いにうけ、「国民的美少女」の代表として後藤久美子が出たが、その後、佐藤藍子、米倉涼子、上戸彩など、今、活躍中の人々が続々登場する。

このほか、コマーシャルの商品関連のキャンペーン・ガールが登場し、それをきっかけにタレントとなった人は後を絶たず、いまやミス・コンテストはタレントや俳優、歌手などの登竜門となった。

（3）ミス・コンテストをめぐる議論

ミス・コンテストをめぐっては、近年の反対運動が始まる以前から様々な議論が展開されてきている。古くは一八九〇年、「この万物の霊長たる人間を他動物と同じく市に晒して利を得んとす、如何に末代なればとて、さてもさても言語道断、とつとつ怪事」（『反省会雑誌』（後の『中央公論』）五月号）と記されているものがある。確かに人を並べて品評会をするなどということは、人権的な意味から言って問題があるのは当然で、ミス・コンテストの多くの主催者が様々な理屈をつけてそれを正当化しようとしているのは、後ろめたく感じている部分があるからであろう。

また、ミス・コンテストにおいて、美人を選び出す母集団が二分されているのも気になる。一つは、初期の頃に多かった美や芸を売る女性対象で、凌雲閣の写真コンテストや『日の出新聞』の「京浜五美人投票」などで、芸とともに「容色を以って職業の資となす」女性に対し、あまり人権など考えられていなかっただろう。ひとりひとりに聞けば、他人と比較して品物のように扱われるのが不本意な人もいたかもしれない。次に出てきたのは「良家の子女」のコンテストである。『シカゴトリビューン』コンテストの広末ヒロ子しかり、万国博の親善大使となった月本瑛子しかりである。戦後の平等思想の中で、女性を二分する考え方は今ではほとんどなくなっている。

二〇〇七年度のミス・ユニバースは、ほぼ五〇年ぶりに日本代表の森理世が世界一になった。ミス・ユニバースではスタイルが重視されているのは当初からの伝統であり、彼女はダンスで磨き抜かれた素晴らしい肢体が先ず評価された。一九九八年、日本のミスを世界水準にするために日本にやってきたイネス・リグロンは、「美しさは知性から」ということで、新聞を読んだり、話し方を練習させたりしたという。またミスの育成に当たっては、同氏と六〜七人のスタッフが組織的に取り組んで次第に成果が出始め、二〇〇六年の知花くららが準優勝、そして二〇〇七年の優勝であった（『日刊スポーツ』二〇〇七年五月三〇日）から、今は美女が「つくられる」時代になっている。

このようにミス・コンテストが続いてはいるものの、それを実施するにあたって容姿だけでは済まされなくなった原因は、やはり、一九七〇年以来の女性運動の高まりと、一九八〇年代に入ってからのミス・コンテスト反対運動が大きいだろう。ミス・コンテスト批判は前からあったが、市民として理由を示しはっきり反対するものが出てきた。一九八九年、「国際花と緑の博覧会」が、「ミス・フラワークィーンページェント EXPO '90」を企画したときの反対はその典型的な例である。この催しは朝日放送主催で、農林水産省、通商産業省、建設省、大阪府、大阪市、(財)国際花と緑の博覧会協会、朝日新聞が後援しているが、これに対し、堺市女性団体連絡協議会が反対を公的に表明した。同協議会は、国際的にも国内的にも男女平等の政策が進められてきている背景を説明した後、反対理由を次のように述べている。

ミス・コンテストは女性を品評の対象として、〝美と健康と知性〟をうたい、競わせるものです。「美」という人それぞれの固有の価値を勝手なしかも非常に画一的な基準によって審査が行われているのです。身長や顔かたち、肌の色や形状、プロポーションといった本人の意思や努力ではどうにもならないことについて、優劣や順位をつけることは明らかに人権侵害であり、差別そのものです。

また、対象を女性に限り、しかも年齢が制限されることによって、募集の段階である一定の年齢以上の女性や障害者、病気の人や在日外国人は排斥され、同じ女性であっても分断されるのです。さらにショー自体年々豪華になり、公開審査で大勢の人の前で水着をはじめとし何回も衣替えをすることは、女性の体の「見世物化」にほかなりません。

花博のシンボルとしてミス・フラワークィーンが選ばれること自体が女性の「モノ」化であり、この考え方は女性を一元的な観賞用とする封建的男社会の遺物です。女性をこのように扱うことは女性への差別行為であり、本質的には障害者差別をはじめ、すべての差別につながります。ミス・コンテストはいかに美辞麗句で飾られ、巧妙に行われようとも、女性差別撤廃条約に抵触し、日本国憲法に違反しています。（堺市女性団体連絡協議会、花博「ミス・フラワークィーンページェント　EXPO '90」開催中止を要求する抗議書より、一九八九年）

以上のように述べた後、マスメディアとして社会的影響力を持つ朝日放送にこの企画を中止することを求める一方、国民の税金でまかなわれる官公庁とそれに関連する団体が後援を辞退し廃止を要求することを訴えて、ミス・コンテストの開催に抗議した。

ここには、多くの団体がミス・コンテストに反対する典型的な共通の理由が述べられている。第一は、人間が本来的に持って生まれ、変えることの出来ない身体をもって比較されることに対する人権侵害であり、これはジェンダーを問わず本質的な問題としてあげられる。第二に、女性のみを対象としてその外見を評価することは、女性のモノ化であり性差別行為に他ならない。しかも、女性の中でも若くて美しい人だけを対象にし水着審査などで肢体に特に注目しているのは、女性の価値をそこに置いている。敷衍すれば女性を従属的な存在として性の対象としてみることの象徴であり、社会における女性の地位や役割をそのように位置づけていることになる。

第三に、そのような行事を主催・後援する事業体に対する抗議である。一つは、社会的影響力が大きいマスメディア機関がそのような差別的な行事を主催することの責任を問うている。これは差別的な番組に対する抗議と同じ線上にあり、マスメディアの公共性、社会的責任を問題にしている。そして、公共機関である国の省庁や地方公共団体、その関連団体がミス・コンテストを後援していることの違法性を問うものである。この花博の時点ですでに存在していた法的なものには、憲法、女性差別撤廃条約、男女雇用機会均等法等があり、当時は女性問題行動計画が国と地方自治体で推進されている最中であった。その後一九九九年に成立した「男女共同参画社会基本法」も加わっているので、違法性はさらに強まっていると思われる。

ミス・コンテストへの抗議に対しては、しばしば、個人が自由に参加しているものだから、傍がとやかく言う問題ではないとする意見があるが、そこでは社会的な背景と、社会への影響力の問題を考慮していない。

4　メディアが創る現代の美女

二一世紀に入り、メディアはますます多様化し、人々の生活は一層メディアとのかかわりが深くなった。一九六〇年代以降のテレビの発達により、ここ半世紀間、美女のイメージは主としてテレビメディアによって形成されてきた。テレビと言えば、若者は民間（商業）放送を好み、番組やCMによって商品化の波に洗われ消費社会の洗礼を受けてきた。民間放送においては時間帯ごとに期待される視聴率が重視され、番組が生き残るためには常に新しい刺激を視聴者に与え続けなければならず、それは年々エスカレートしていった。

また、テレビメディアの特性として視覚に訴える力が強いため、活字メディアやラジオ中心の時代より、ビジュアルな魅力がよりもてはやされることとなり、中でも女性においてその傾向は強く表れた。典型的な例は女性アナウンサーで、初期には知性や教養やきれいな日本語を話す能力が重んじられていたが、現在は美人であることが最優先され、その他のことは二の次になった。「女子アナ」というカテゴリーができて女性性が強調されるようになったのも、その結果である。さらに、テレビ出演する女性一般に対しても、時代とともに注目点が「顔」から「ボディ」に移り、しかも、スタイルの良さのほかに、顔が小さいことや胸の大きさ、胴のくびれなど、より個別具体的になってきた。これはミス・コンテスト批判の「モノ化」に相当する。女性を「産む機械」として失言した政治家がいたが、それをメディアは批判する資格があるだろうか(8)。

外見のみを重視する現象については、放送のスポンサーとの関係を見逃すわけにはいかない。近年のコマーシャルの中でゆるがせに出来ない地位を占めているのが、いわゆるダイエット・整形・エステ業界である。テレビでは細身の人が美しく映るため、出演者には痩せすぎの人が多いが、それに乗じてこれらの業界が女性に対して「美の強制攻撃」をかけてくる。例えば『ビューティ・コロシアム』という番組は、不美人を自認する女性に、専門家が整形手術をほどこし、エステティック・サロンで磨き上げ、最新の髪型とメークアップで仕上げをし、一番似合うドレスを着せて変身させる。以前の映像と現在のそれを並べて示すと、コメンテーターたちが美しく化けた女性を誉めそやす。その女性も「これで人生に自信がもてるようになった」などという。番組全体として、女性は美しくさえあれば幸せになれるかのようなメッセージを送り、整形やエステ、ダイエットの必要性を強調するのである。このように女性は美しくなければ評価しないという言動は、形こそ違えバラエティ番組での男性芸人の発言でも非常にしばしば見られる。

メディアから美しくなることを強要される一般女性の一部は、そうあらねばならないと思い込み、その結果、ダイエット食品を求め、整形手術やエステティック・サロンに借金をしてでも通い、その結果、もう一つの大きなスポンサーであるサラリー・ローン（消費者金融）の会社まで儲かるという仕組みになっている。その結果、手術に失敗してさらに不幸になる人や、ダイエットの結果痩せすぎて不健康になる人、過食症と拒食症の間を往復して病気になる人も出てきた。その上、借金もかさみ返済のために望ましくない職業につくことにもなるのである。

こういったメディア内容も問題点はテレビにとどまらない。男性コミック誌の中には女性を陵辱する描写が全編に満ちているものがたくさんある。コミックで描かれる女性は胸や尻が異常に強調され、男性の妄想をかき立てるよう仕向けられている。これらが育ち盛りの子どもたちにも手の届くところで売られているのを大人たちは知っているのであろうか。学校では性教育が後退させられたまま、こうした異常な性を売り物にするコミック雑誌が子どもに最初の性情報を提供している。

一方、少女雑誌や少女漫画にはファッションやお化粧、彼氏に好かれる方法などの情報が満載され、小学生までもがおしゃれに気を使い、髪を染めたりダイエットに取り組んだりすることもある。この時期のダイエットや毛染め等は将来の成長や健康にも影響を及ぼす恐れがある。

このような一連の出来事は、いままで人々が持っていた人間としての知性や教養を衰退させている。テレビをはじめ大衆的な商業メディアは、社会のためになっている内容のものもあるのだが、本来的に目的としている消費志向の結果、人々の欲望をかき立て、金銭により「今・その時だけの欲望」を満たすように仕向けてきた。そして、さらに、教養を豊かにすることなどがスノビッシュ（地位や知識を鼻にかけた）であるかのような空気を作り出している。女性タレントは物を知らないふりをし可愛くふるまうので、それが女の子のあるべき姿と誤解する子が増えているのである。こうして、人々は刹那的な判断しかできなくなり、自分の経験以外のことへの想像力を失い、社会的な人格を喪失させている。

男性にとっても、リアルな女性を知らずに勝手なイメージを膨らませることは、女性との付き合い方を誤らせ、不幸をもたらす。その期待に沿えない女性も幸福ではないし、期待に沿おうとする女性には無理をもたらす。女性は主体的にあるがままの姿を知らしめる必要があるし、男性も知る必要があるが、メディア内部の構造は圧倒的に男性支配であり、そのことに気がつかない。支配の側にある男性はもとより、男性のように思考しないと仕事を認められない女性も同じである。男女共同参画は人数の面だけでなく、意識や体験の面でも両方の視点が必要なのである。

5 男女ともに自然体で生きられる社会に

以上、女性への外見重視の傾向を様々な角度から検討してきた。それらをまとめると以下のように言うことができる。

男性についてはいろいろな評価の仕方があるのに、女性については美醜が本人評価に圧倒的な力をもってきたこと。そして、そのことは、この社会では男性が主体であり、女性は客体であることの証明に他ならないこと。そして、社会の実権をにぎる男性のその見方は、教育や習慣を通じて女性にも影響を与え、社会の中でうまく生きていくために女性もまた、好むと好まざるとにかかわらずその考えを受け入れている。その結果、女性自身も美しくあらねばならないと思い込み、本当の意味での自分自身の向上には役立たない痩身や整形に励むことになる。それは、男性の作った枠組みの中で生きることを意味して、女性の生き方を限定し、女性の自由と無限の可能性をなくしている。近年、男性も美しさが求められることもあるが、女性のそれとは比べものにならず、一般的に男性にはより多くの評価軸のもとに多様な可能性が広がっている。しかし、女性に美を求める見返りとして、社会的地位や経済力のない男性は評価されないことになり、それが男性を過労死や自殺に追い込んでいることを思えば、男性にとっても女性の美の偏重は自分にも帰ってくることなのだ。

ミス・コンテストはそのような社会慣習を、社会の中に一種の制度として位置づけたものであり、それを影響力の大きいマスメディアが主催したり、官公庁のような公的機関がサポートしたりすればするほど、制度としての定着と影響力は大きくなる。社会的階層が平準化された現代では、コンテストの対象が、美や芸を売る職業の女性と良家の子女の二分法ではなく一般女性へと広がったとしても、それの持つジェンダー的意味合いは変わらない。

よく、ミス・コンテストに入賞した女性がその後、芸能界その他で活躍するのを見て、ミス・コンテストは女性の進出に一役買っているという人がいる。もちろん、個人的に美を武器にして社会で活躍できるなどの利益を得てはいる。しかし、美人が得をするということは、男社会を前提としているからこそ成り立つ。もし、意思決定の場に相応の数の女性がいれば、美人が選ばれるよりは能力が評価されるであろう。言い換えれば、美人であるゆえの社会進出は、女性全体の社会参加の促進とならないばかりか、そうでない女性の参加を阻害するので不利益のほうが大きい。それよりは、外見にかかわりなく様々な能力のある女性が社会に参加したほうが、社会全体の向上にも寄与する。

また、視覚メディアの発達で社会一般のビジュアル化が進み、男女ともに「外見」の良し悪しで判断されることもでてきた。とはいえ相対的に見れば、男性よりも女性の美醜のほうが圧倒的に多くの場合、関心をもたれている。社会の中で力強く生きようとする女性でも、自身の美醜には常に気を配らなければならず、それをほとんど気にしないで生きられる男性とは、能力を上げるために割く時間の面でも、経済の面でも、また、自尊感情の面でも、大きな差をつけられている。女性も自然体で生きられる社会が望ましい。

さらに、たとえ「美しいこと」に価値を見出したとしても、本章第2節で見てきたように、時代や社会によって何が美しいかは全く違う。自分を取り囲む社会だけの価値観に合わせ、時代と地域が変われば全く評価されないことに無駄な努力をしていることになる。歴史的に見ればこっけいでさえあることに向かって身を削っているかもしれない。

そして、美醜の基準となる物差しは、しばしばその社会をリードする権力により与えられる。現代では、意識形成の王者・メディアが、様々な手段で何が注目点であるかを伝えている。女性は無理をして「現代の典型」に自分をはめ込もうとして、健康的・経済的な無理を背負い込む。たまたま、整形等の技術が発達し、それを実行する経済的な余裕がでてきたことも逆に不幸を招いているかもしれない。一九六〇年代、すでにガルブレイスが「精神的窮乏」と指摘しているように、本当は満たされているのにメディアによって次々と新たな欲望を追いかけるように仕向けられている。

こうしたことは、女性にとって不幸なだけではない。メディアが生み出したバーチャルな、そして極端な部分が強調された女性像をリアルな世界のそれと錯覚すると、それに執着する男性は女性との適切な関係が結べないで自分自身の不幸を招く。それはまた女性にとっても不幸である。また、女性が美を求められる裏の部分では、男性が富や名誉、権力を求められている。その結果、それのない人たちは、他に人間として優れた面を持っていたとしても評価されることなく、社会の周辺に追いやられる。格差社会と言われる今、それは一層ひどくなっている。このような関係は、のびのびとした、そして活き活きとした人生から女も男も遠ざける。たとえ、一時的に美しい女になったり、金持ちの男になることに成功した人々でさえ、その後の長い人生では、それだけでは生きられないことを悟らされるであろう。

画一的な美で女性をしばり男性にもそういう女性を期待させることは、結果的に、多様な人々の多様な価値を無視してしまう。それは、一人の人の生き方を窮屈なものにしてしまうだけでなく、グローバルな社会で生きる多様な人々の、多文化的な価値を脅かすこととなる。女性を美人かどうかで評価し、ミス・コンテストを生み出している社会のあり方は、異質の人々との共存をさまたげ、よりよい次の社会を生み出すうえでも問題をはらんでいるのである。

註

（1）山吹の　にほへる妹が　朱華（はねず）色の　赤裳の姿　夢に見えつつ（二七八六）。われのみや　斯く恋すらむ　杜若　丹つらふ　妹は　如何にかあるらむ（一九八六）

（2）万葉集随一の美女と謳われた真間手児奈の形容を「望月の　満たれる面わに」（一八〇七）と、欠けることのない美しい顔立ちを表す例としてあげている。もう一人の美女、周淮（すえ）の珠名娘子については「胸別の　ゆたけき吾妹　腰細の　すがる娘子の　その姿（かお）の　端正（きらきら）しきに」（一七三八）と、顔立ち以外の体つきについても、「細腰」、「胸別のゆたけき」といっている。

（3）「走り来る女子、あまた見えつる子供に似るべうもあらず、いみじくおいさき見えて、うつくしげなる容貌なり。髪は扇をひろげたるやうにゆらゆらとして、顔はいと赤くすりなして立てり（若紫）」と描写されている。若紫の容貌については「つらつきいとらうたげにて、眉のわたりうちけぶり、いはけなくかいやりたる額つき、髪ざし、いみじううつくし」と描かれている。

（4）「鸚鵡小町」「姥捨」「関寺小町」「卒都婆小町」「檜垣」の五番。

（5）南部藩では、一七四一年と四二年の二度にわたって「御在所の風俗（国風）」が近年失われてきたことを危惧する触れを出している（『内史略』前一六巻）。

（6）「剃刀へ砥を添え、隣家隣家へ段々順達、検断軒ごとあい回りこれを見届け、これより眉払い候事始る也」とある。

（7）時事新報のほか、全国の地方紙二三社も協力した。一時審査では七千人の応募の中から各都道府県の代表として各五人、全国で二五〇人の写真が東京に集まった。二次審査には、彫刻家・高村光雲、俳優・河合武雄、人類学者・坪井正五郎、洋画家・岡田三郎助、歌舞伎俳優・中村芝翫らが当たった。広末ヒロ子に関しては、井上（一九九二、二八〜三三頁）にくわしい。

（8）二〇〇七年一月二七日、柳沢厚生労働大臣は自民党関係者の集会で少子化について講演し、「一五歳から五〇歳の女性の数は決まっている。産む機械、装置の数は決まっているから、あとは一人頭でがんばってもらうしかない」などと発言した。これは「女性は産む機械発言」として問題になり、謝罪した。

参考文献

浅倉有子「『国風』の美」、小玉美意子・人間文化研究会編『美女のイメージ』世界思想社、一九九六年

井上章一『美人コンテスト百年史』新潮社、一九九二年
井上章一『新装版　美人論』リブロポート、一九九六年
井上輝子・上野千鶴子・江原由美子・天野正子編『日本のフェミニズム　6　セクシュアリティ』岩波書店、一九九五年
井上輝子・上野千鶴子・江原由美子・天野正子編『日本のフェミニズム　7　表現とメディア』岩波書店、一九九五年
岩崎和子「しなやかに動く美女――古代日本の美女のイメージ」、小玉美意子・人間文化研究会編『美女のイメージ』世界思想社、一九九六年
梅村恵子「清らに輝く姫君たち」、小玉美意子・人間文化研究会編『美女のイメージ』世界思想社、一九九六年
奥山けい子「能に見る美女の老い」、小玉美意子・人間文化研究会編『美女のイメージ』世界思想社、一九九六年
川本皓嗣編『美女の図像学』思文閣出版、一九九四年
黒岩涙香『小野小町論』朝報社、一九一三年（一九九四　社会思想社・現代教養文庫）
小玉美意子編『美女のイメージ』世界思想社、一九九六年
小木新造・熊倉功夫・上野千鶴子校注『日本近代思想体系　風俗　性』岩波書店、一九九〇年
張競「朦朧の美学」、川本皓嗣編『美女の図像学』思文閣出版、一九九四年
西野春雄「古今謡曲総覧（上）」、『能楽研究』17号、一九九三年
長谷川時雨「明治美人伝」、『解放』明治大正の文化特別号、一九二七年十月号（インターネットの図書館、青空文庫　http://www.aozora.gr.jp より引用）
羽田昶「老女物」、羽田昶・西野春雄編『能・狂言時点』平凡社、一九八七年

藤野美奈子・西研『不美人論』径書房、二〇〇四年

第六章　美と痩身

鳥越成代

1　ダイエット・シンドローム

太っていると、それだけで自己管理が出来ていない人間のように思われそうで、少しぽっちゃりしている私は、今コンプレックスの塊のようになってしまっている。大学構内は当然女子学生しかいないし、みんな細くて顔が小さくすらっとしていてかっこいい。一方、わたしは同年代と思えないほど顔がまん丸で童顔、一生懸命髪の毛を染めたりお化粧をしたりしても、身体がオシャレするのに適していないように感じられて、恥ずかしくて心底自分のことが惨めに思えて、いつも下を向いて歩いている。堂々と前を向いて姿勢よく歩いている人は自分に自信があるのだろうなぁと羨ましくなる。そうして人をうらやんだり僻んだりしてばかりだったせいで「どうでもいい」「どうせ私なんか」が口癖となり、ますますゆがんだ性格のかわいくない女の子になってしまった。仲のいい友人の言葉さえ素直に受け入れられなくなってしまうのだ。太っているだけでこの悪循環である。やせていなければ人にまともに相手をしてもらえないような気がしてしまう。心のどこかで「この人は私のことを馬鹿にしているのではないか?」と疑ってしまう。太っていることが現代においていかに恐ろしいことか、太ったせいで自分の精神にどれだけダメージを与えたか。……「ダイエットをするのはなぜだろう」というテーマで、ある学生が提出してきたレポートの冒頭部分である。彼女だけではなく、かなり多くの学生が同じような思いになっているのではないだろうか。

若い女性の痩身志向は、健康のため以上に外見を気にしてのほうがかなり強いと思われる。多くの日本人は「もう少し痩せたい」と願っている。いまや小学生でも「もう少し痩せたい」と思っているいるという報告も多い。

一般的に「細い＝きれい」というように、痩せている女性をよしとする社会通念があり、「きれい」になりたいために「痩身」を願っている学生は多く、そのために色々なダイエットを試みている。ダイエットの情報は巷に溢れているので、とりあえず気に入った方法を試してみる。運動療法はからだにはよさそうだが、継続していくにはかなり大変そうである。少なくとも運動療法だけではかなり難しいということは体験的に知っていたりするので、それなら食事療法だと考える人は多いだろう。それも、出来れば簡単なほうがいい。今までに、沢山の食事制限型ダイエットが流行した。リンゴダイエット、パイナップルダイエット、ゆで卵ダイエットなどなど誰もが記憶にあるのではないだろうか。しかし何時しか聞かなくなってしまう。行うほうもあまりの空腹感に耐えられず数週間でギブアップが普通だ。そしてまた次の方法を探す。女性週刊誌には年間を通じダイエットに関する記事が載っている。それらが簡単に功を奏すればこうは沢山のダイエット法は生まれないだろう。しかしダイエットへの思いの強さや、意志の強さによって極端なダイエットに走り体調を崩してしまう場合もある。実際に拒食症あるいは過食症で休学する学生がほぼ毎年でてくる。拒食症とか過食症とはっきり診断される場合、細くなりたい＝きれいになりたいといった単純な原因ではないにしても、痩せ願望から食行動に変化が生じていく。多くのダイエット実践者も実際に目だって肥満なわけではない。次節で述べるように、殆どは普通か痩せに分類される人が多いのである。「あなたもダイエットしているの？」と驚くほど細身の学生だったりする。だが測定してみるとかなり細いのに体脂肪量が多く、少し脂肪を減らし、筋肉を増やしたほうがいいというケースもある。心身ともに発達、成長段階にある子どもや若年層が、不必要なダイエットや痩身願望は将来的に健康に深刻な影響を及ぼす可能性も懸念される。

(1) 一八歳女子の体格の推移と痩せ願望

一九六九年から二〇〇四年までの三六年間で、一八歳女子の身長は全国平均では約四センチメートル伸び（一五四・八から一五八・九センチメートル）、体重は一キログラム増えている（五〇・九か

図6-1　36年前の学生との比較　BMI（度数分布）

東京女子大学学生（1969＝520人, 2004＝659人）

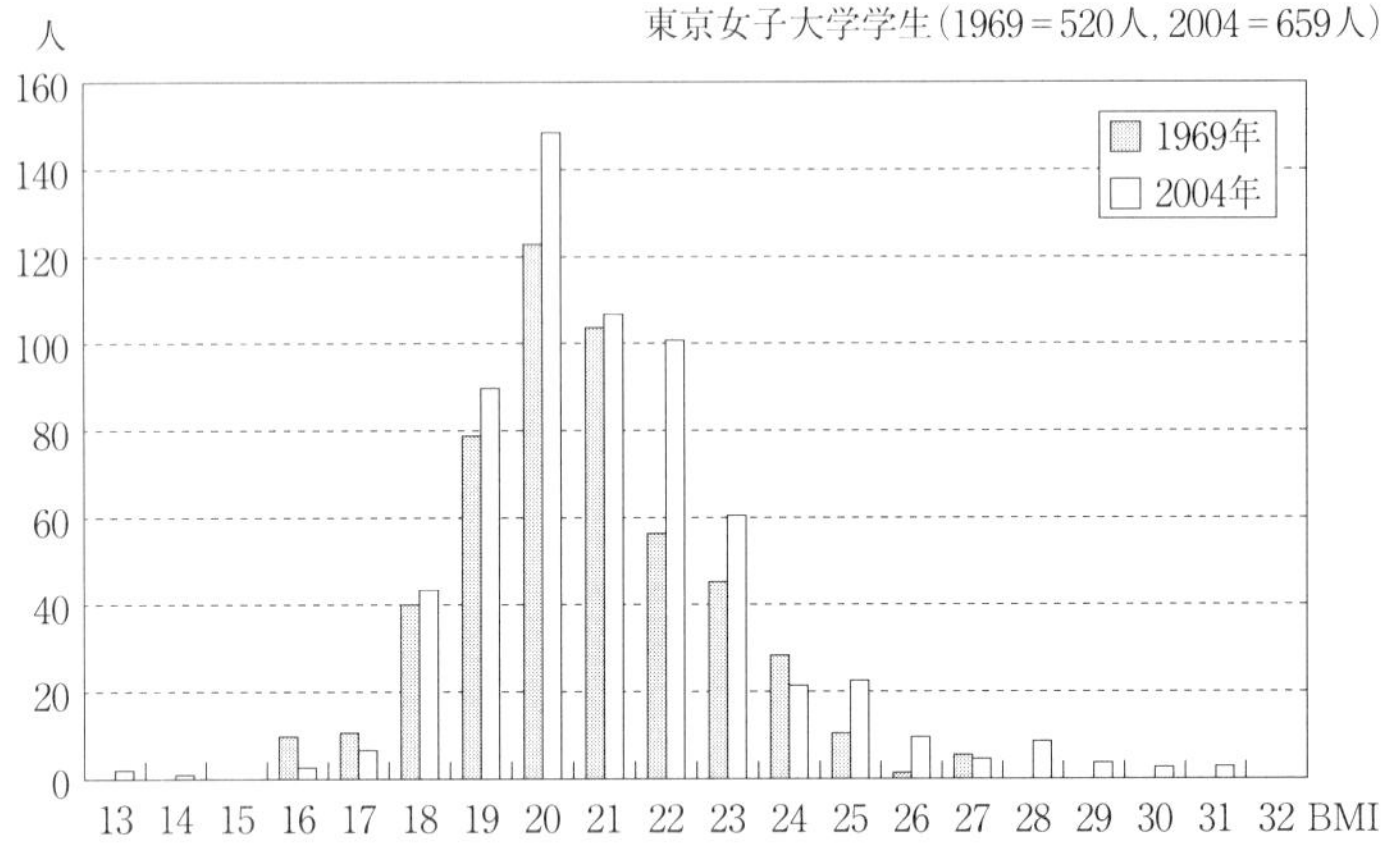

出典：女子の身体組成と体力（そのⅢ), 2005

ら五一・六九キログラム）。また体格指数（ＢＭＩ）は全国平均で一九九九年までの三一年間漸減傾向を示し、二〇〇〇年から漸増している。全体に三六年間で、日本の若者はスリムになっている。しかし東京女子大学では、三〇年前には見られなかったＢＭＩ一五以下の高度な痩せと、三〇以上という肥満者がみられるというように、幅が大変広くなってきているのが近年の傾向である（図６－１）（横澤・鳥越二〇〇五）。

〈痩せ願望〉

二〇〇五年五月に、相次いで『朝日新聞』に掲載された記事がある。一つは五月二七日付で、「ダイエット食品で死亡？」という題。インターネット上で取引されていた中国製と見られるダイエット用健康食品「天天素」が原因と疑われる下痢や腹痛などの健康被害の報告が八都県で一〇人にのぼっていることが厚生労働省のまとめでわかった。このうち東京の一〇代の女子大学生が死亡したのだが、彼女は約二ヵ月半前からこの食品を使用しており一三キロ痩せたのだという。

また五月二〇日には「外見に満足　日本一四％」という見出しで、食品・日用品大手のユニリーバが米、英、仏、オランダ、ブラジルなど一〇ヵ国で行った女性（一八〜六四歳）の美に関するアンケートの結果を掲載している。日本で「自分の外見的魅力に満足している」と答えたのは一〇ヵ国中最低で一四％、最も高かったのはブラジルで五三％、平均は三七％であったそうである。一方「他人と比べて美しさが劣っている」と答えたのは日本が二六％でトップであり、世界の平均は一三％となっている。日本リーバは「日本人はモデルのようでないと美しくないと思う人が多い。もっと個々人の魅力に自信を」とコメントしている。

(2)　ボディイメージ

〈女子学生のボディイメージ〉

図6－2に、大学と短大の女子学生を対象とした調査（二〇〇三年厚生労働省報告書より作図）を示した。肥満の程度を表す数値として体格指数：ＢＭＩ（Body Mass Index）が用いられ、

$$\text{BMI} = 体重(\text{kg}) / 身長(\text{m})^2$$

のように算出する。これは肥満度を測るための国際的な指標であるが、肥満の判定基準については国により違いがあり、日本肥満学会によるとＢＭＩ二五以上の場合が肥満、一八・五以上二五未満

図6–2 BMIの年度別頻度

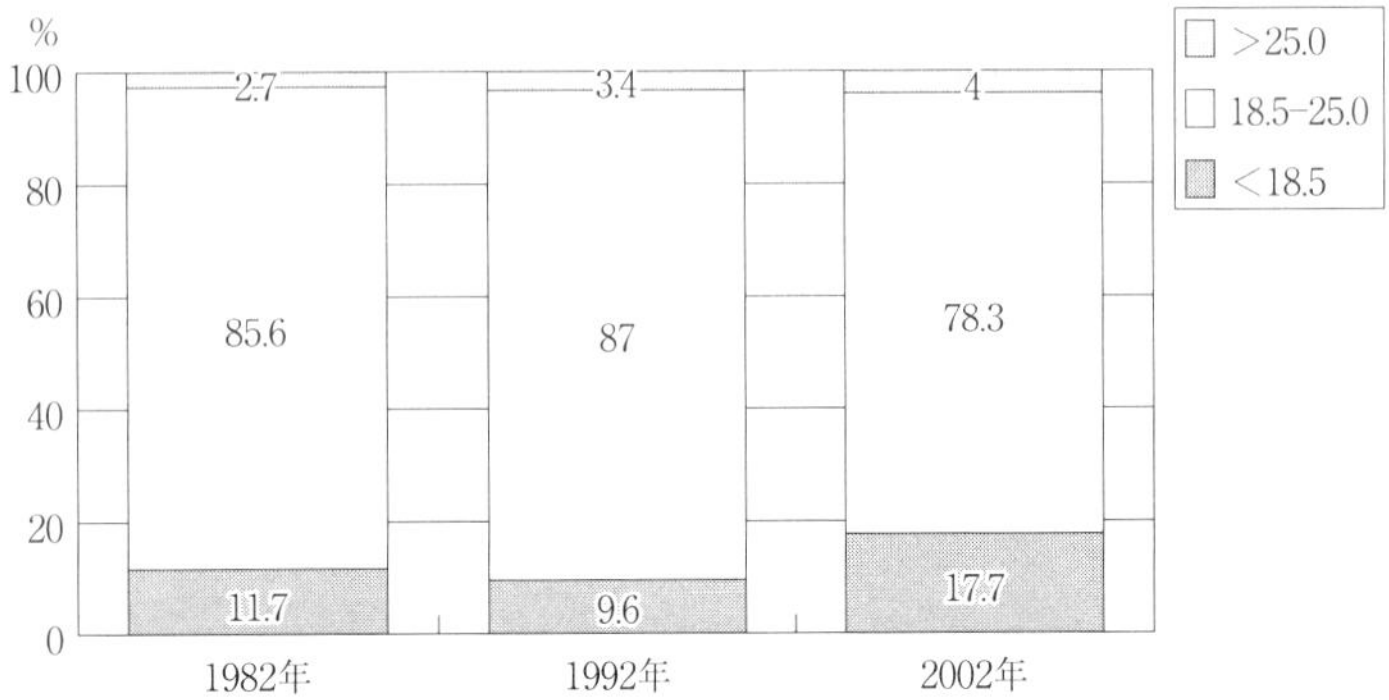

出典：2003年厚生労働省報告書より作図

が普通、一八・五未満が痩せとされている。一九九二年には、ＢＭＩが痩せに入るものが九・六％だったが、二〇〇二年度には一七・七％と一・八倍に増加している。

ＢＭＩでの自己評価を年度別にみると、一九九二年には低体重の中で、「太っている」と自己評価しているのは一〇％であったが、一〇年後の二〇〇二年には二〇・七％と倍増している。ＢＭＩが「普通」と評価されている者でも二〇年以上前から七〇％以上が「太っている」と考え、二〇〇二年には七六・四％とここでも増加している。二〇〇二年度では普通の体重である者の四〇％が肥満意識を持ち、そのうちの七〇％が減量を実行している。また女子中学生を対象にした同じ報告書の調査では「現在の体重に不満」八〇・三％、「自分の体重は重い」八二％、「体型に不満」八九・七％といずれも高い割合になっている。

〈東京女子大学生のボディイメージ〉

二〇〇三年に行った本学一年生の調査結果をみると、「今の体重・体脂肪量に満足していますか」の質問に対し、不満傾向にある学生は、体重では七五％、体脂肪量では七四％であり、体脂肪量が不満足と答えている者はほぼ四人に三人という結果であった。

また図6‐3に、一九九九年に行った本学の総合講座受講者二七〇人のアンケート結果を示した。そのなかで「私は太っている」と回答している者は四五％であるが、「私は痩せたい」と回答している者は八三％と、五人のうち四人がそう考えている。「痩せたくない」としているのは一〇％なのである。また「痩せている」と回答した者は九％なのだが「太りたい」者は二％であった。実際にダイエットに興味を持ったことがないのは六％と少ないが、実際にダイエットをしたことがあるのは五三％であった。ダイエットの経験は、早くは一二歳から始まり高校生時代に急上昇し、大学生である一八歳で二〇％、一九歳で一〇％と減少している。また自分の外見が気になるとした者が九四％、外見は性格を変えると思うのは七六％と四人に三人という高い率である。そして外見を最初に意識した年齢は三歳から始まり、一三歳で二〇％と、かなり幼いうちから意識していることがわかる。実際に拒食症になったことがある者は五％、過食症になった者も一一％いる。

からだの部分についてのイメージでは、「とても嫌い」と「我慢できるが嫌い」と答えているのをあわせると、太ももが八五・二％、次いで腹の七七・六％、ヒップの七三・五％と続いている。逆に満足していると気に入っている回答を加えると、率の高いのが胸の一八・三％、首一六・二％、肩五・四％となっている。しかし全体に自己評価が低いのは、前述の新聞記事の内容を裏づける結果となっている。

図6-3 あなたのボディイメージについて（東京女子大学，1999年）

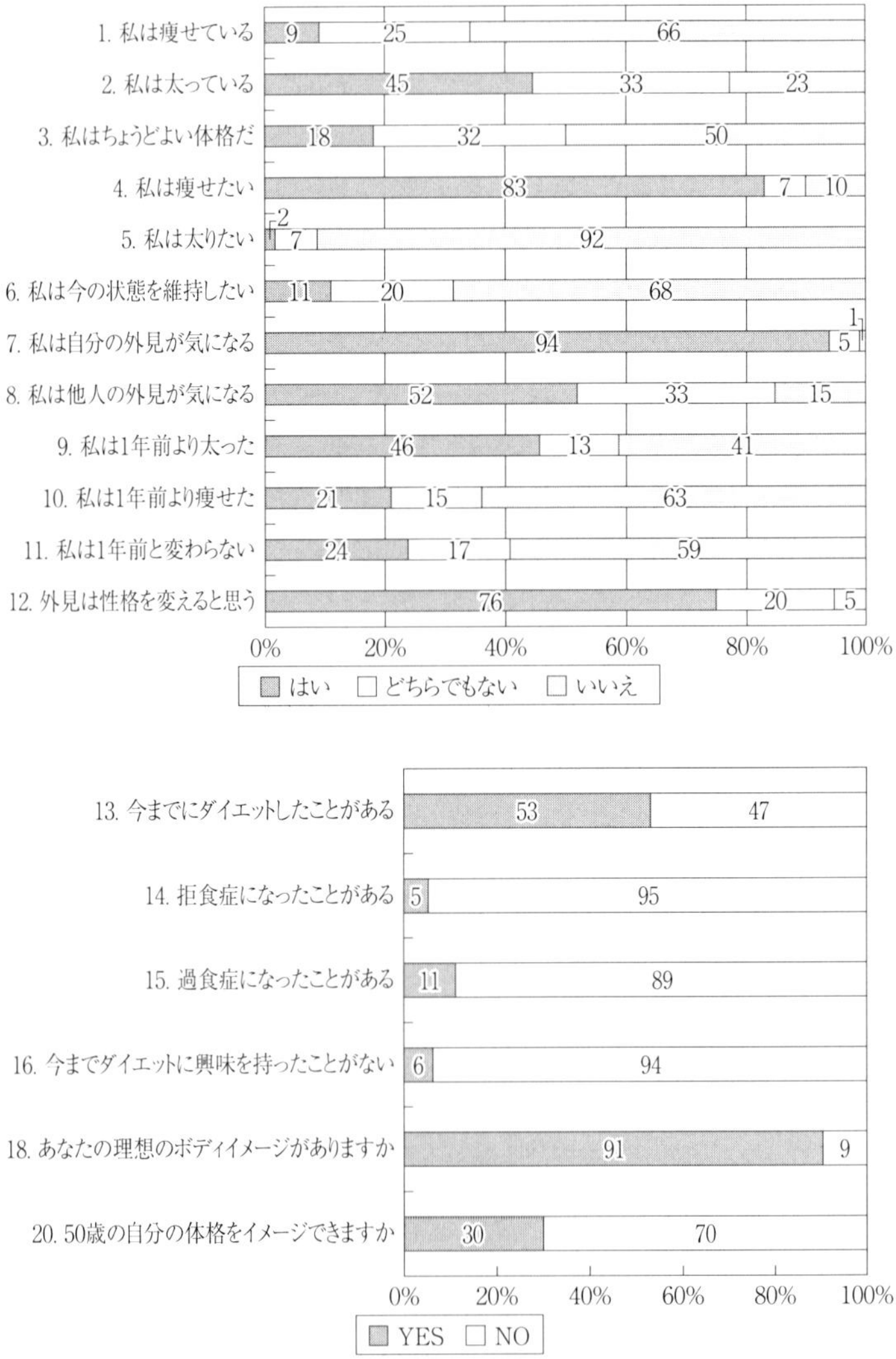
1. 私は痩せている 9 25 66
2. 私は太っている 45 33 23
3. 私はちょうどよい体格だ 18 32 50
4. 私は痩せたい 83 7 10
5. 私は太りたい 2 7 92
6. 私は今の状態を維持したい 11 20 68
7. 私は自分の外見が気になる 94 5 1
8. 私は他人の外見が気になる 52 33 15
9. 私は1年前より太った 46 13 41
10. 私は1年前より痩せた 21 15 63
11. 私は1年前と変わらない 24 17 59
12. 外見は性格を変えると思う 76 20 5
0% 20% 40% 60% 80% 100%
はい どちらでもない いいえ
13. 今までにダイエットしたことがある 53 47
14. 拒食症になったことがある 5 95
15. 過食症になったことがある 11 89
16. 今までダイエットに興味を持ったことがない 6 94
18. あなたの理想のボディイメージがありますか 91 9
20. 50歳の自分の体格をイメージできますか 30 70
0% 20% 40% 60% 80% 100%
YES NO

〈思春期女子（中学生と小学生）のボディイメージ〉

ボディイメージについて松橋（二〇〇一）は、「これは他者からどう思われているのだろうかという他人の中にある自己の発見である」と述べている。また本山ら（一九九六）は「自己像の基礎となるのが自分の身体に対する意識である」と述べ、内的・外的環境によって変化しうるものと捉えている。イメージを形成していくのは四歳頃（大関　一九九九）であり、同時に性別意識と親への同一視を始める時期でもある。また第二次性徴やアイデンティティの獲得を模索し身体的にも精神的にも大きく変化する「思春期」において、そのボディイメージは多大に周囲の環境に影響されやすくなる。近年体位の向上や第二次性徴の促進化現象に加えて精神的発達が伴わないアンバランスな状態が指摘され、ボディイメージはこういった身体的、精神的、社会的変動に大きく影響されやすいと考える。とりわけ現代社会ではタレントやモデルのようなスタイルがよいこと、痩せることがよいことというイメージを与え、ダイエットを奨励しているメディアや雑誌によってボディイメージの障害が増幅されているように思われるとしている。小学校（女子）で四二・六％。中学生では六七・七％は痩せを好んでいる。また理想とするのは低体重であると同時に本人の現実の体型は実際より太り型であると認識しているという結果があり、ボディイメージが障害されていると推察できる（大関　一九九九）。森ら（二〇〇三）はＫＥＤＳシルエット画身体像スケールを用いてボディイメージを測定している。対象者は表６－１からわかるように、普通の体格の生徒たちである。表６－２はシルエット画によるボディイメージである。シルエット画というのは一九九三年に

表6-1　対象者の特性

学年	n	身長（cm）	体重（kg）	BMI（range）注1）	全国平均BMI注2）
小学5年生	53	144.0±6.7	35.5±6.5	17.1±2.3（12.5〜22.5）	17.8
小学6年生	45	148.6±7.1	38.4±6.3	17.4±2.3（13.1〜22.3）	18.1
中学1年生	41	152.7±5.5	41.2±7.0	17.7±2.6（13.2〜25.5）	19.4
中学2年生	51	155.9±5.5	47.6±7.0	19.6±2.9（13.7〜29.1）	19.6
中学3年生	55	156.2±5.3	46.9±5.7	19.4±2.5（16.1〜22.3）	19.9
計	245				

数字は平均値±標準偏差を示す
注1）数字：レンジを示す
注2）全国平均BMIは，平成12年度身長，体重調査（厚生労働省発表）より算出
出典：*Yamanashi Nursing Journal*, 2003

表6-2　シルエット画による体型満足度(現在の体型－理想の体型)学年比較

単位：人（%）

	n	太り願望	満足	痩せ願望
小学5年生	46（100）	19（41.3）	2（ 4.3）	25（54.4）
小学6年生	43（100）	9（20.9）	7（16.3）	27（62.8）
中学1年生	35（100）	5（14.3）	5（14.3）	25（71.4）
中学2年生	46（100）	8（17.4）	4（ 8.7）	34（73.9）
中学3年生	43（100）	6（14.0）	2（ 4.7）	35（81.3）
計	213（100）	47（22.1）	20（ 9.4）	146（68.5）

出典：*Yamanashi Nursing Journal*, 2003

Childressらが開発したスケールで八枚のカードを示し、その中から自分の体型と理想の体型を選択する方法である。

現体型から理想の体型を引いた差（0が一致した場合、正の値は痩せ願望を示し、負の値は太り願望）でみると、差が無かったものは「満足」、負の差異があったものを「太り願望」、正の差異があったものを「痩せ願望」としたもので、太り願望二二・一%、満足九・四%、痩せ願望六八・五%と圧倒的に「痩せ願望」が多い。また年齢が高くなるほど「痩せ願望」が増加していることがわかる。この時代から自分の体型に満足しておらず「痩せ」を理想とし

ていた。

思春期女子の体脂肪の蓄積は生理的変化である。しかし、第二次性徴の出現間もない時期にあっては第二次性徴に伴って起こる乳房の膨大、体脂肪の蓄積といった身体の変化を十分に受け止められないことは想像できる。

小中学生女子の憧れの女優、歌手などが痩せていることの影響は大きいだろう。しかし小中学生は身体発達の途上にあるため、ボディイメージに対する不満や、そのための食事制限は摂食障害に限らず将来にわたって様々な健康障害を引き起こすことにつながりかねない。しかしこの年代では、健康についての関心度はかなり低いのではなかろうか。

(3) ボディイメージに見られる性差

表6－3は、水野ら(二〇〇二)による大学生の理想体重と実体重を比較したものである。女子学生の理想体重は四六・三kg、男子学生の理想体重は六二・五kgである。表6－4に、対象者の実際の体格を示した。理想体重は現在の体重から女子学生では一〇・〇%低い値であり、男子学生は一・九%と有意な性差を示している。

また同調査において、ボディイメージを理想体重と標準体重(BMIが二二になるよう個人の身長から求めた値)の差から検討すると、男子学生は標準体重に対してマイナス二・五%、女子学生はマイナス一七%と男子学生に比べて有意にボディイメージがゆがんでいることが示されている。

表6-3　理想体重と実体重及び標準体重に対する理想体重の減少

	女子学生（n＝268）		男子学生（n＝100）		
	平均値	sd	平均値	sd	
理想体重（kg）	46.3	4.3	62.5	8.1	…
実体重に対する理想体重の減少率（%）	10.0	7.4	2.0	8.2	…
身長から求めた標準体重（kg）	55.5	3.7	66.0	4.2	…
標準体重に対する理想体重の減少率（%）	17.0	9.3	5.3	10.8	…

…：$p<0.001$（男女差について）

出典：お茶の水女子大学ジェンダー研究センター年報5，2002

表6-4　対象者の特性

	女子学生（n＝268）		男子学生（n＝100）	
	平均値	sd	平均値	sd
年齢（歳）	19.2	1.3	19.1	1.0
身長（cm）	158.7	5.3	173.1	6.4
体重（kg）	51.9	7.1	64.9	11.8
BMI（kg/m^2）	21.9	3.3	21.7	3.2
体脂肪率（%）	24.3	4.7	17.4	4.7

出典：お茶の水女子大学ジェンダー研究センター年報5，2002

また自分を「非常に太っている（1）」から、「非常に痩せている（7）」まで（「どちらともいえない」を4として）七段階で主観的に評価させたところ、女子学生（3.1±1.1）と男子学生（4.2±1.8）との間に有意な差が認められている。体重に対する主観的な評価でも「非常に重い（1）」から「非常に軽い（7）」までの七段階で評価させたところ、女子学生（2.9±1）と男子学生（3.9±1.3）の間に有意な差が見られている。

（4）ダイエット及びダイエット願望に見られる性差

同じ対象群でダイエットを行ったことのある女子学生は七四・〇%、男子学生は三二・〇%で女子学生は男子学生に比べ有意に多い。

また現在ダイエットを行っているのは女子学

生三一・三％、男子学生七・〇％と女子学生は男子学生に比べて有意に多い。自分のからだを「非常に太っている（1）」から「非常に痩せている（7）」まで七段階で主観的に評価した結果では、女子学生の得点（2.1±1.3）は、男子学生（4.0）に比べ有意に強く痩せたいと思っていることを示している。ボディイメージに見られる性差は思春期より存在し、様々な要因により助長された結果として大学生のイメージが形成されていることが推測される。

この報告では、女子学生は標準体重より二〇％少ない体重を理想体重としている。適正体重であるにもかかわらず、痩せを願望する若年女子の姿が見える。この傾向は、男子学生には見られていない。しかし健康に関する知識（①健康に関連する情報、②食品の熱量や栄養所要量を数値で答えるもの、③運動の消費エネルギーに関するもの）は女子学生のほうが高く、その食事への高い関心や知識が健全なボディイメージに貢献していないのが問題であると指摘されている。

（5）理想的な体重の認知について

理想的体重についての医学的標準あるいは文化的標準によって影響される女性の割合について、図6－4に示した（Hesse-Biber, 1996）。理想的な体重の認知は、医学的なものの影響よりも文化的な基準の影響が大きい。摂食障害になる危険性を持つ女性の割合も、医学的標準に影響されるよりも文化的標準に影響されるほうが三倍も高い。実際にダイエットを行おうと考えたときに、自分の標準体重などは考えないことのほうが多いと思う。痩せればきれいになる。この思いは、現代の若

図6-4　理想体重とするものの基準

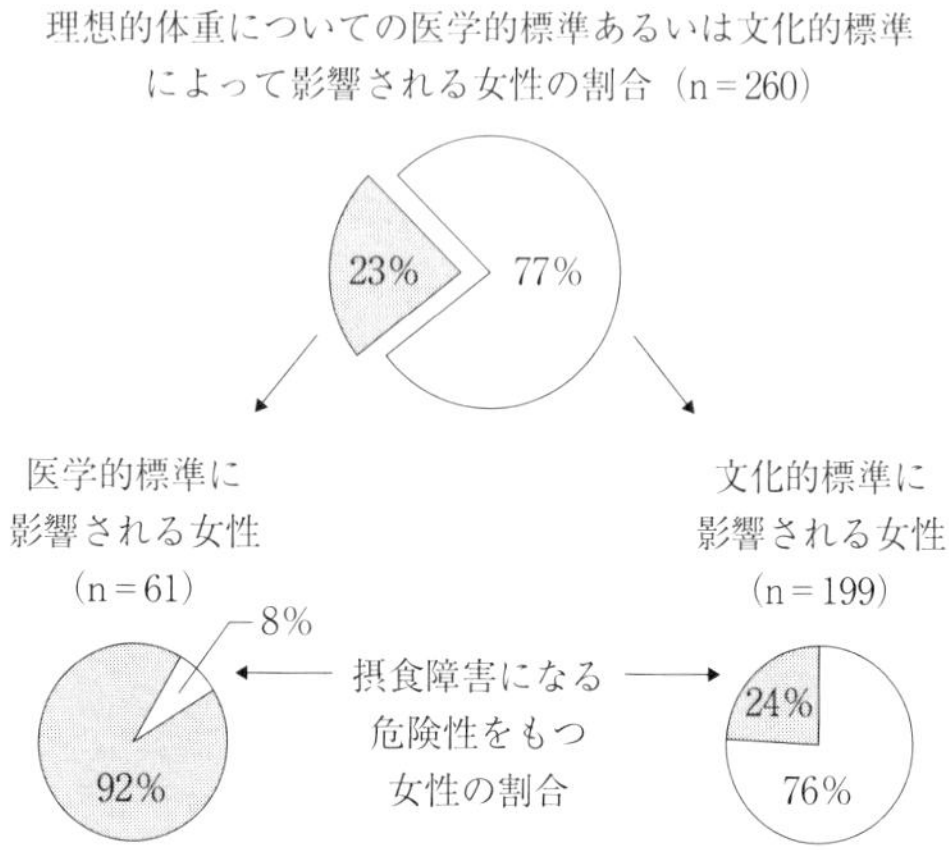

出典：体育の科学 46, 1996

者にとって強迫的観念になっていないだろうか。

痩身は美、健康、若さ、生命力、性的活力等を内在化しながら、それらを文化的に洗練した身体的表象としての地位を確立し、痩身イデオロギーは現代的ボディ・イデオロギーの中で揺るぎないヘゲモニーを達成したのである（佐伯 一九九六）。

2　ウエイト・コントロール

第1節で述べてきたように、多くの若者とくに女性が痩せたいと思っている。しかし若者に限らず豊かな社会では、肥満は国家的な問題でもある。日本でもメタボリックシンドロームとして、厚生労働省の課題となっている。一体ヒトの体重は、どのようにコントロールされているのか。まず蒲原（二〇〇一）らの説明に沿って、「エネルギー倹約遺伝子説」と「体重のセットポイント説」をみてみよう。

太りやすい人と、太りにくい人がいる。同じカロリーを摂取しても体重に差が生じるのは、体質による差、言い換えれば個人の持つ遺伝子の差に起因する。太りやすい体質の人が、食べすぎや運動不足になりやすい環境で生活するとき肥満になる。つまりヒトの肥満は遺伝と環境との両方に関係するのだが、遺伝と環境どちらが肥満の原因として重要なのか。現在の研究では、体重の個人差において、遺伝子は平均で七〇％も関与しているといわれている。

一九九〇年代、肥満を引き起こす遺伝子の候補としてレプチン遺伝子（ｏｂ遺伝子）など多くの遺伝子が発見された。現在肥満は遺伝子という考え方に対して、遺伝子という物的な証拠が得られつつある。

（１）エネルギー倹約遺伝子説

一九六二年、ミシガン大学のジェイムズ・ニールによって「エネルギー倹約遺伝子説」という考え方が提唱された。つまり、十分な食料を確保できない環境では、少ないカロリー摂取で生存でき、また少しでも余剰のエネルギーがあれば、それを効率よく蓄えられる体質を持つ個体が、有利に生存するという説である。エネルギー倹約遺伝子に分類される遺伝子群は、人類全員が持っている。そのエネルギー倹約遺伝子によって、脂肪の蓄積具合に個人差が生じ体重差として現れる。具体的なエネルギー倹約遺伝子の数ははっきりしていないが、その中で重要な働きをすると思われる遺伝子が浮かび上がってきた。

例えば、消費エネルギーに関係する遺伝子としてβ３アドレナリン受容体遺伝子がある。脂肪細胞などに存在していて、脂肪分解や熱生産などの働きを持っている。このβ３アドレナリン受容体遺伝子に変異があると、消費エネルギーが少なくなる。遺伝子変異のために消費エネルギーが少ないと、同じカロリーを摂取しても太りやすい。つまりこの遺伝子変異は、肥満になりやすい体質をもたらす。吉田（一九九六）は、日本人の三人に一人はこの遺伝子が異常で肥満になりやすい体質だという。

ヒトの場合、一つの遺伝子の異常を原因とする肥満はまれであり、一般に肥満は、複数の遺伝子変異に環境が加わったときに生ずる。

(2) 体重のセットポイント説

体重は、体脂肪量を調節することによって、常に一定値（セットポイント）になるように脳でコントロールされている。この考え方が「体重のセットポイント説」で、一九九〇年代後半以降の分子生物学の知見によって、ほぼ定説として受け入れられている。

脳の視床下部にある腹内側核（満腹中枢）を破壊したときに、ラットは異常な過食を示し体重が増加する。満腹中枢を破壊されたラットは、満腹になったことを知らせる神経細胞が破壊されたため、摂食を中止するシグナルが伝達されない。そのため異常な過食が続き、肥満になる。また満腹中枢によってコントロールされているのは、食欲ではなく、体重であることが明らかになった。例えば満腹中枢を破壊したラットの摂食を制限すると、体重は多少変動するが、やがてラットは不活発になり、消費エネルギーを抑えることで、少ないカロリー摂取でも同じ肥満体になってしまう。

ここから得られる仮説は明快である。つまり食欲は脳で調整されており、体重（体脂肪量）が常に脳で決められた値になるように、脳によって食欲やエネルギー代謝がコントロールされる。このように脳の中で食欲がコントロールされる中で、セットポイントにおけるセンサーとして働き、消費エネルギー量をコントロールするのは視床下部である。

このセットポイント説によれば、セットポイントで決められた体重に個人差があり、それが肥満や痩せを生じさせる。体重のセットポイントは、年齢によっても異なることがある。例えば二〇歳のときと四〇歳のときとを比べると、体重が変わらない人もいれば増減する人もいる。従って体重のセットポイントは年齢によって変化しており、その変化もあらかじめ遺伝子によって規定されていると考えられている。セットポイント説に基づくと、食事や運動によって一時的に体重を変化させたとしても、その年齢で発現している遺伝子によって規定された目標の体重は変化しないため、やがて元の体重に戻るという現象が説明できる。

一九九五年、ヒトにおけるセットポイント説を立証する研究成果が、ロックフェラー大学より発表された。人による実験の結果、人でもセットポイントによって規定された一定の体重を維持するように、代謝機能が厳密にコントロールされているという。ダイエットで、セットポイントの値以外に一次的に体重を変化させても、からだは元の体重に戻ろうとあらゆる方法をとる。このセットポイントによる体重は、遺伝情報として記録されている。

ここでヒトのからだは、体重がセットポイントから外れたことをどのように感知するのだろうか。

セットポイント説では、視床下部を中心とする中枢が自分のからだの脂肪量をモニターしており、そして体脂肪が減少したことを脳に知らせる働きを持つのがレプチンというホルモンであるとされる。

(3) 体脂肪の役割

ところで、痩せたいとは思っていても、体重を減らしたいというより、体脂肪を減らしたいと思っている学生が多い。最近では積極的にジムに通い、トレッドミルや、エアロバイクで脂肪の燃焼に努めているという話も聞く。トレーニングの結果、体脂肪が一〇%台になったと喜んで報告され、落とせば落とすほどよいと考えてしまっているのではないかと慌てさせられることがある。健康を維持していく上で体脂肪は、以下に挙げるように非常に大きな役割がある(中尾・門脇 一九九九)。

① 脂肪は最も効率のいいエネルギー源であり、またエネルギーの貯蔵庫である。
② 脂肪細胞は内分泌器官である。脂肪細胞は外界からの刺激に対して活発にレプチンやサイトカインを分泌し、いろいろな生理機能、特に食欲の調整、体脂肪量の調節、エネルギー使用量の調節をするために全身の諸臓器に信号を送っている。
③ 細胞膜を作る物質
④ ビタミンの運搬体

また加えて、内臓の保護や女性のボディラインも、脂肪があるからこそ出来ることである。

（4）体脂肪量

体脂肪を正確に測定するのは難しく、日本肥満学会でも体脂肪量の適正基準値は出していない。現状では判定基準が統一されていないが、適正判定基準として一八～二三歳では、女性は二〇～二五％で、男性は一五～一八％である。一般成人では、女性は三〇％以上、男性は二五％以上を肥満としている。

精度が高いとされている測定法は水中体重秤量法、ガス置換法、二重エネルギーX線吸収法（DEXA法）等であるが、測定が難しいとか、機器が高価で所有している施設が限られている等の問題がある。簡易法としては超音波測定法や、生体インピーダンス測定法がある。女子では体脂肪率が一五～一七％を境に月経不順が起こりやすく、逆に体脂肪率がこの臨界点を超えて多くなれば正常な月経に回復する。

スポーツ選手の体脂肪量と月経異常率をみると、体脂肪率の上昇に伴って月経異常の頻度が減少していく。しかし二〇％の体脂肪率があっても、月経異常が四〇％も発生している。

また、体脂肪率と女性の生殖機能が密接な関係にあることは、厚生労働省による拒食症（神経性無食欲症）診断基準のなかに「体重が標準体重の八〇％以下になり、無月経であること」が入ることからもわかる（厚生労働省　二〇〇五）。体脂肪量を落とし過ぎないようにすることは、女性にとって大切なことなのである。

(5) 美の代表者たちの体格

表6-5は、一九九八年までのミス・アメリカの体格である。ミス・コンテストは容姿の美を競うことが中心であったので(現在ではいろいろな要素が入る)、この結果はまさに「痩せ=きれい」を象徴しているようなものである。BMIで見る理想体格指数は大体二二である。この数字より多くても少なくても疾病率が高くなる。アメリカのミス・コンテストでは、一九六五年から一九九八年までの三三年間で、ここに挙げられている九人のBMIの平均が一八・七である。医学的に痩せ(低体重)と判断されるのは一八・五以下であるから、この中で半分以上は医学的に痩せすぎなのである。またミス日本では、一九九五年から参加者の体脂肪を調べているというが、決勝に残った参加者の平均体脂肪率は二〇%以下で、全員がダイエット経験者だという。

痩身にあこがれるのは、日本だけの問題ではない。ヨーロッパでもアメリカでも若年者の痩身志向が社会問題になっている。イギリス医学会の報告では、拒食症患者の九割が女性で、一五~二〇%が一五年以内に死亡するという。過去五〇年間一般女性の体格が豊かになっているのに、女性誌やテレビのスター、またモデルが年々スリムになっていることを理由に挙げている。イギリス保健省は二〇〇〇年にファッション業界やマスコミにも責任の一端があるとして、モデルの体格の向上を促す自主規制の制定を求めている。この規制を受けてイギリスの主なファッション誌、モデル事務所、広告代理店などは、痩せすぎの女性をモデルとして登用することの自粛を決め、さらにファ

表6-5　ミス・アメリカのBMI

年度	受賞者	身長	体重	BMI
1965年	Vonda Kay Van Dyke	167.6cm	56.3kg	20.0
1968年	Debra Barnes	175.2cm	61.3kg	19.9
1971年	Phyllis George	172.7cm	54.9kg	18.4
1976年	Tawny Godin	179.0cm	58.1kg	18.1
1980年	Cheryl Prewitt	170.2cm	51.9kg	17.9
1984年	Vanessa Williams	167.6cm	50.0kg	17.8
1986年	Susan Akin	175.3cm	51.8kg	16.8
1991年	Marjorie Vincent	170.2cm	54.5kg	18.8
1998年	Katherine Shindle	180.3cm	65.8kg	20.2

出典：ダイエットを医学する，2001

ッション業界でも雑誌や広告、テレビなどに痩せすぎたモデルが登用されていないかを監視する自主規制機関を設置するという（蒲原　二〇〇一）。

二〇〇六年にはイタリアのファッション協議会とイタリア政府が、モデルの痩せすぎ問題への対策として、ふくよかな「地中海の美」を推奨する宣言に署名したという。宣言には強制力はないため実際の効果は疑問視されているようだが、モデルの痩せすぎが若い女性たちに与える影響を問題視され始めてきたことは歓迎すべきことである。日本でこの「痩せ」のモデルが注目されたのは、一九六七年イギリス人モデルのトゥイギーが来日したときではないだろうか。私はその手足の細さに驚いたのを覚えている。しかし、今彼女の写真を見ても、身長が一六八センチメートルでモデルとしては小柄だったこともあり、キャンパスの中でも同じ体型の学生に出会うのである。わが国ではこれ以後、若者を中心に摂食障害が増えはじめ、一九七〇年代に入って数を増し、八〇年代には急速に増加していった（野上　一九九八）。

（6）全米肥満受容協会のアピール

一九九九年一〇月七日付『朝日新聞』の朝刊に載った記事がある。健康食品やダイエットがブームを呼び、病的なまでに健康にこだわる人が増える米国で、太りすぎの人の「人権擁護」を訴えてきた団体が、結成三〇周年を迎えた。「体格が違っても機会は均等に」「ファットは美しい」。彼／彼女らの呼びかけは、人種差別や性差別を表面的には克服してきたように見える米国で「デブ」という最後の少数派差別への戦いでもあるというニューヨークからの報告で、ボストン市にある「全米ファット受容協会（ＮＡＡＦＡ）」の定例会の模様を伝える記事である。見出しは「『デブで悪いか』三〇年――米の団体『全米最後の被差別者』」となっている。

内容をみると、政府調査によれば一九九〇年代前半の数字で全米成人の二二％が肥満とされている。その多くが様々な差別・中傷に直面し、雇用や昇進にも影響し、「約半数の家主が、太った人には部屋を貸したがらない」とする社会調査もあるという。「人種やゲイ差別は表面的にはなくなったが、公然とからかっても許される最後の少数派がファット・ピープルなのです」というＮＡＡＦＡの会長で福祉関係の人材派遣会社を経営するベティ・トラピスさん（四七歳）の話が紹介されている。ＮＡＡＦＡの会員で体重一二〇キロのマリリン・ワンさんは、季刊誌『Fat! So?（デブで悪いか？）』を発行している。「ファットという言葉の価値を変えたかった。『太りすぎ』と呼ばれるのは自分たちが適正から外れているようだし、『肥満体』では病気みたい。私はデブだけれど健康だもの」と笑いながら話している。「（米国の詩人）ソローの『美の受け止め方は、その人の品性を試す』という言葉がある。でも世間はすぐ美の基準を狭めようとするでしょ。この社会には少数者を憎むように仕掛けられたシステムがある」。

今では二人の子どもを持つＮＡＡＦＡ会長のトラピスさんも、学校時代、体型でいじめられた。卒業して受けた就職面接では「太っているから」とはねられた。自分を激しく憎んだ。「昔は人からからかわれる前に、自分を冗談のタネにしていた。健康的じゃない。逃げていたんです。でももう自分を責めるのは嫌になった。確かに私はファットだが、それ以外に母であり、企業家であり、女でもある。自分を誇りに思っている。子供たちにあんな思いをさせたくない。だから戦うんです」。

このように、スリムでなければならないという強迫観念を抱いたアメリカ社会に対し、肥満者への差別であるという観点から、肥満者の中から問題提起がなされている。いま、アメリカの成人の六〇％が、ＢＭＩ二五以上の肥満と判定されているという。となると、少数派ではない。ＮＡＡＦＡ（National Association to Advance Fat Acceptance）の活動はいま多岐にわたっている。座席のサイズ、シートベルトの長さなど、今後基準が変わっていくだろう。しかし社会全体が痩身志向になっている現代社会の中で、美しさと痩身を同一視する考え方は、肥満者に対しては抑圧的な性格を帯びることは否めない。

体重のコントロールで述べたように、同じカロリーを摂取しても体重に差が生じるのは、個人のもつ遺伝子の差に起因している。しかも体重の個人差においては、遺伝子が平均七〇％も関与しているという。意志の力のみで肥満を防ぐことは出来ないことが、明らかになってきている。痩身志向のライフスタイルの確立に伴って、「痩身症候群」とも呼べるような悲劇的な状況が表面化してきている。肥満者への蔑視と差別、体重過敏症、摂食障害など、細さへのあくなき探求が生み出したものではないだろうか。

（7）安全なダイエット

実際に肥満症と診断されるような肥満の場合は、薬物や遺伝子また外科治療などの療法があるが、一般的には食事療法と運動療法を同時に行っていかなければならない。食事療法のみでは必ず筋量を落としてしまうし、運動療法だけで脂肪を減らしていくのは至難の業である。しかし食事と運動に関しては、標準体重の人でも日常考えていかなければならない問題でもある。食事に関してのベースは、エネルギー収支である。摂取カロリーが消費カロリーを上回れば、余剰分は身体に脂肪として蓄積される。だが収支が同じならいいのではなく、その人に見合ったエネルギー収支でなければならない。実際に自分がどのぐらいカロリーを使っているのかは、わからない人のほうが多い。一日の必要エネルギーや必要な栄養素は、厚生労働省が性、年齢、体重、活動量別に出している。例えば活動レベルが普通で、身長一五七・七センチメートル、体重五〇キログラムの大学生は二〇五〇カロリーという具合である。ダイエットの場合、この摂取エネルギーを低めていくのだが、基礎代謝量（早朝空腹時、仰臥位で身体が消費しているエネルギー量）が一〇五〇カロリーなので、一二〇〇カロリーぐらいまでが病院でも処方する最低ラインである。もう一つ大切なのは、栄養のバランスである。必要な栄養素は不足しないようにしなければならない。

運動中にエネルギーを消費するのは、筋肉である。筋量が多ければ、消費エネルギーは大きくなる。筋肉や骨などの除脂肪組織を減らさないために、運動習慣を身につけたい。

3 痩身でなくてもきれいな姿

本章の最初に紹介したレポートで、学生はその後、一念発起しダイエットを試みるのである。毎日寝る前に筋力トレーニングを日課とし、たんぱく質を多く取るようにした。もともと中学、高校で運動部だったこともあり、体力には自信を持っていた。効果覿面で、身体が引き締まってきた。どのくらい痩せたかを、母親と兄に正直な評価を求めた。「まだまだ努力の余地はあるが、以前よりは少々痩せたと思う」と評価された。このことで彼女は自信が生まれ、夏なのにだぼだぼのパンツをはいていたのをショートパンツに替えた。痩せることで心とからだがスーッと軽くなり、明るく振る舞えるようになったといっている。実際どのぐらいの期間でどのぐらい痩せたのかは定かでないのだが、全体が締まった印象になったのだと思う。

痩せていなくても、姿がきれいだと思える人は多い。人は人形と違って、同じ姿勢を続けていることは殆どない。自分で鏡を見て「きれい」とか「何とかしなくては」と思っても、他人が見ているのはその姿ではなく、動いている姿である。寝ていたり、座っていたりしても同じ姿勢ではなかなかいられない。かりに思い通りにスリムになったとしても、猫背であったり、おなかを突き出していたり、歩くといつも膝が曲がっていたり、首が前に出ていたりしたらどうだろう。きれいには見えないのではないだろうか。少し太めであっても胸を起こしおなかを引き締め、少し大またで颯爽と歩いている人は体型に関係なくきれいにみえる。

必要なら安全なダイエットもよいが、先に挙げたデータが示すように多くの学生にとってはその必要はないのである。それよりむしろ日常生活の中で、姿勢に気をつけてはどうだろうか。若くもあり、多くの人は姿勢に気をつけようという意識を持てば、姿勢は変えられる。背筋を伸ばすだけでも立位も、座位も歩く姿も美しくなる。

そしてこれはお金もかからないし、誰もがすぐにきれいになれる。試してみませんか。

「身体は常に社会の反映であり、今日の女性像もまた、世界の現状の証言である。我々が住むこの世界が、もろく壊れやすい価値多様な世界であることを認識し、他者に対する危険な態度を避けるためにも、自己を尊重する重要性を知る必要がある」――ドミニク・パケ（パケ、二〇〇一）

参考文献

大関武彦「小児科領域からのアプローチ――成長・発達に伴う体組成及びその認識の変動」、『思春期学』七巻一号、一九九九年
蒲原聖可『ダイエットを医学する』中公新書、二〇〇一年

厚生労働省策定『日本人の食事摂取基準』第一出版、二〇〇五年
佐伯聰夫「現代社会と痩身症候群」、『体育の科学』46号、一九九六年
中尾一和・門脇孝編『脂肪細胞の驚異と肥満――生活習慣病の解明に向けて』講談社サイエンティフィク、一九九九年
野上芳美編『摂食障害』日本評論社、一九九八年
パケ、D（石井美樹子監修）『美女の歴史』創元社、二〇〇一年
松橋有子「身体像」、清水凡生編『総合思春期学』診断と治療社、二〇〇一年
水野（久埜）真由美・橋本万記子「大学生のボディイメージと健康に関連する意識・行動及び知識にみられる性差」、『ジェンダー研究――お茶の水女子大学ジェンダー研究センター年報』五号、二〇〇二年
目崎登『女性のためのスポーツ医学』金原出版、一九九二年
森千鶴・小原美津希「思春期のボディイメージと摂食障害との関係」、『山梨大学看護学会誌』二巻一号、二〇〇三年
本山俊一郎・岡崎祐士「青年期の身体」、長崎大学生涯学習教育センター編『身体論の現在』大蔵省出版局、一九九六年
横澤喜久子・鳥越成代『女子の身体組成と体力（そのⅢ）』、東京女子大学女性学研究所、二〇〇五年
吉田俊秀『肥満の遺伝子がわかった』ごま書房、一九九六年
Sharlene, Hesse-Biber, *Am I Thin Enough Yet?*, Oxford University Press, 1996

あとがき

東京女子大学における「女性学・ジェンダー的視点に立つ教育展開」が文部科学省の二〇〇三年度「特色ある大学教育支援プログラム」に採択され、翌年度から二〇〇六年度までの三年間、本学女性学研究所においても様々な関連プロジェクトが進められた。その研究・教育活動の成果を引き継ぐかたちで、このたび女性学研究所叢書の第三巻が上梓の運びとなった。湊晶子学長をはじめ学内の方々のご理解と支援の土壌のうえに、また一つの新たな実が結ばれたことを感謝し、喜びたいと思う。

本叢書第一巻『結婚の比較文化』（勁草書房、二〇〇一年）、および第二巻『親子関係のゆくえ』（同、二〇〇四年）の内容は、いずれも女性学研究所企画のチェーン・レクチャー方式による「総合講座」の授業に基づき編集された。その主眼は、結婚制度や親子関係が揺らいでいるように見えるこの時代に、それらを客観的に分析しつつ相対化し、あわせて学生や読者にそれぞれの生き方をより広いパースペクティヴのもとで考えてもらうことにあった。本書『女性と美の比較文化』はその続刊で、先の「結婚の比較文化」を引き継いで学生たちに提供された総合講座「〈きれい〉とは何か」の授業内容に基づいている。「きれい」や「美」とは何かをめぐって、哲学、文化人類学、美術、舞踊、メディア論、健康・運動科学など様々な視点から多角的に考察を加えたものである。

古今東西の「美の変遷」をたどれば、美の基準は、時代や地域によって大きく異なることが明らかとなる。「美」は時や所により変幻してやまない、相対的かつ流動的なものである。しかし「美」は一方において、その時代や文化の価値観によってつくられ、それらは「美」の規範となって強い影響力を発揮する。例えば昨今の痩身願望などにみられるように、多くの女性たちは、現今の社会や文化のなかで美しいとされる価値に引きずられ、それに縛られがちである。各人それぞれの「きれい」の実現をめぐって、学生たちとともに広い視野に立って探り、考えてみたいという願いが、本書の構想の導きの糸となった。二一世紀の「きれい」は、生命の感受性を研ぎ澄まし、それぞれの人が、その人らしく自由な生存の選択や表現ができるような社会、そして文化のあり方のなかに求められよう。

最後に、本研究所によるこうした叢書刊行の営みを支えてくださったお二人の優れた先達のお名前を、感謝をこめて記したい。青山なを氏（故人）と秋枝蕭子《あきえしょうこ》氏である。同叢書の前二巻の出版は、長年本学で教鞭をとられた青山先生のご遺志による「青山なを記念基金」の果実によって可能となった。そして本書（第三巻）は、本学卒業生で女性史研究家の秋枝先生からの多大なご寄付により出版のはこびとなった。昨今の厳しい大学財政事情は本学にとっても例外ではないが、そうした先輩からの大きな支援を得て、ここに叢書第三巻を上梓することができた。あらためて厚くお礼を申し上げたい。また本書の完成は、勁草書房編集部の松野菜穂子さんの行き届いた編集作業と、本学卒業生の川野江里子さんの丹念な原稿整理に負うところが大きい。

なお、本書全体を通しての校正作業や、索引・表記法の調整等には、女性学研究所の有賀美和子があたった。

先達によって掲げられた女性史・女性学の灯火。これらを次の世代に伝えることが、私たちの感謝をあらわす最良の手段であり、また本研究所の大切な使命であろう。本書がその役目をいくぶんかでも担うことができれば、それにまさる喜びはない。

二〇〇八年三月一日

東京女子大学女性学研究所長　矢澤　澄子

執筆者紹介（執筆順）

鳥越成代（とりこし・しげよ）

1941年生まれ／東京教育大学体育学部健康学科卒業。

現　在　東京女子大学文理学部教授

主　著　『若い時に知っておきたい運動・健康とからだの秘密』（共著、1998、近代科学社）

『からだ教育』（編著、2004、市村出版）

久保光志（くぼ・みつし）

1949年生まれ／東京大学大学院人文科学研究科博士課程満期退学。

現　在　東京女子大学文理学部教授

主　著　「逍遙とシェリングを結ぶ線―明治美学史の一断面」（『シェリング年報』第13号、2005）

『交響するロマン主義』（共著、2006、晃洋書房）

矢野百合子（やの・ゆりこ）

1954年生まれ／国際基督教大学大学院比較文化研究科博士後期課程満期退学。

現　在　立教大学非常勤講師

主　著　『遊びの思想―遊び理解と人間形成』（共著、1991、川島書店）

『結婚の比較文化』（共著、2001、勁草書房）

渡辺みえこ（わたなべ・みえこ）

1943年生まれ／横浜国立大学大学院環境情報学府前期課程修了。

現　在　東京女子大学ほか非常勤講師

主　著　『女のいない死の楽園―供犠の身体・三島由紀夫』（1997、パンドラ）

『買売春と日本文学』（共著、2002、東京堂出版）

佐々木涼子（ささき・りょうこ）

1944年生まれ／東京大学大学院人文科学研究科博士課程中退。

現　在　東京女子大学文理学部教授

主　著　『ロマネスク誕生』（1991、芸立出版）

『バレエの歴史』（2008、学習研究社）

小玉美意子（こだま・みいこ）
1942年生まれ／お茶の水女子大学大学院人間文化研究科博士後期課程満期退学。
現　在　武蔵大学社会学部教授
主　著　『新版ジャーナリズムの女性観』（1991、学文社）
　　　　『メディア・エッセイ』（1997、学文社）

索　引

女性と美の比較文化

2008年3月25日　第1版第1刷発行

編　者　鳥《とり》越《こし》成《しげ》代《よ》
東京女子大学女性学研究所

発行者　井　村　寿　人

発行所　株式会社　勁《けい》草《そう》書　房

112-0005　東京都文京区水道2-1-1　振替　00150-2-175253
（編集）電話　03-3815-5277／FAX　03-3814-6968
（営業）電話　03-3814-6861／FAX　03-3814-6854
本文組版　プログレス・理想社・青木製本

ISBN978-4-326-65334-8　Printed in Japan

＊落丁本・乱丁本はお取替いたします。
http://www.keisoshobo.co.jp